党纪学习教育取得积极成效，要巩固深化党纪学习教育成果，坚持融入日常、抓在经常，把党纪学习教育成果持续转化为推动高质量发展的强大动力。要善始善终抓好党纪学习教育任务落实，抓好党纪学习教育收尾工作。要常态化推进学纪知纪明纪守纪，建立经常性和集中性相结合的纪律教育机制，综合发挥党的纪律教育约束、保障激励作用。要着力铲除腐败滋生的土壤和条件，更加有效遏制增量、清除存量。要引导推动党员、干部在遵规守纪前提下，勤奋工作、放手干事、锐意进取、积极作为。

——习近平

依据新修订的

《中国共产党纪律处分条例》编写

学纪 知纪 明纪 守纪

本书编写组◎编著

学习出版社

图书在版编目（CIP）数据

学纪　知纪　明纪　守纪 / 《学纪　知纪　明纪　守纪》编写组编著. -- 北京 : 学习出版社, 2024. 9. -- ISBN 978-7-5147-1276-6

Ⅰ. D262.13

中国国家版本馆CIP数据核字第2024VE7593号

学纪　知纪　明纪　守纪

XUEJI ZHIJI MINGJI SHOUJI

本书编写组　编著

责任编辑：宋　飞　黄　悦
技术编辑：朱宝娟

出版发行：学习出版社
北京市崇外大街11号新成文化大厦B座11层（100062）
010-66063020　010-66061634　010-66061646
网　　址：http://www.xuexiph.cn
经　　销：新华书店
印　　刷：三河市龙大印装有限公司

开　　本：710毫米×1000毫米　1/16
印　　张：16.25
字　　数：149千字
版次印次：2024年9月第1版　2024年9月第1次印刷

书　　号：ISBN 978-7-5147-1276-6
定　　价：59.80元

目 录

第六章　严明群众纪律，密切党同人民群众的血肉联系

第七章　严明工作纪律，促进规范履职用权

序　言

党员干部要学纪知纪明纪守纪

党要管党、从严治党，靠什么管，凭什么治？就要靠严明纪律。中国共产党是靠革命理想和铁的纪律组织起来的马克思主义政党。作为百年大党，我们党深刻认识到党的纪律的重要性，在革命、建设和改革的不同历史时期都十分重视党的纪律建设，充分发挥纪律建设对坚持党的领导、加强党的建设、推进党的事业的保障作用，同时十分注重对党员的纪律教育。从井冈山时期“三大纪律八项注意”的首次提出，到明确成为人民军队官兵“个个要牢记”的铁的纪律；从中国革命胜利前夕强调“加强纪律性，革命无不胜”，到改革开放后将“经常对党员进行遵守纪律的教育”郑重写入党章；从改革开放初期明确提出“共产党员必须自觉接受党的纪律的约束”的基本要求，到新时代深入开展“两学一做”（学党章党规、学系列讲话，做合格党员）学习教育……我们党总是在不断加强纪律建设的同时，通过党纪学习教育及时地将纪律建设成果贯彻落实到全体党员之中，把纪律教育融入党员、干部日常教育管理监督之中，并内化为他们的日常行为规范。

开展党纪学习教育不仅是我们党加强纪律建设的优良传统，也是新时代推进全面从严治党和把党的自我革命进行到底的必然要求。党的十八大以来，以习近平同志为核心的党中央以前所未有的勇气和定力坚定不移地推进全面从严治党，构建起全面从严治党体系，推动新时代党的建设新的伟大工程不断向纵深推进，开辟了百年大党自我革命的新境界。在看到全面从严治党取得重大成就的同时，我们也要清醒地认识到，党的建设仍然存在着诸多矛盾和问题，包括对党的纪律建设重要性认识不够，党员干部违纪违法问题多发易发，违纪形式隐形变异、花样翻新，党纪执行和监督不力，等等。解决这些矛盾和问题，需要一以贯之地加强党的纪律建设，持之以恒地开展党纪学习教育。通过深入开展党纪学习教育，可以深化全党对加强纪律建设重要性以及忽视党纪、违反党纪问题危害性的认识，推动各级党组织和领导班子从严抓好党的纪律建设，推动广大党员干部强化学纪知纪明纪守纪的自觉性，以严明的纪律确保全党同以习近平同志为核心的党中央保持高度一致，统一思想、统一意志、统一行动，做到知行知止、令行禁止，形成以中国式现代化全面推进强国建设、民族复兴伟业的强大动力和合力。

为深入学习贯彻习近平总书记关于全面加强党的纪律建设的重要论述，推动党员干部对党纪的学习教育和领会把握，党中央决定从 2024 年 4 月至 7 月，在全党组织开展集中性的纪律学习教育。这次学习教育主要聚焦解决一些党员干部对党规党纪不上心、不了解、不掌握等问题，做到学纪知纪明纪守纪，搞清楚党的纪律规矩是什么，弄明白能干什么、不能干什么，把遵规守纪刻印在心，内化为言行准则，进一步强化纪律意识、加强自我约束、提高免疫能力，增强政治定力、纪律定力、道德定力、抵腐定力，始终做到忠诚干净担当。党中央明确要求，党纪学习教育应当注重融入日常、抓在经常；要原原本本学，坚持个人自学与集中学习相结合，紧扣党的政治纪律、组织纪律、廉洁纪律、群众纪律、工作纪律、生活纪律进行研讨；要加强警示教育，深刻剖析违纪典型案例，注重用身边事教育身边人，让党员、干部受警醒、明底线、知敬畏。

高质量的党纪学习教育，离不开高质量的教学材料。这次集中性党纪学习教育，以新修订的《中国共产党纪律处分条例》（以下简称《条例》）作为教学蓝本。党的十八大以来，党中央根据形势和党的建设需要不断完善纪律规定，先后对《条例》作了 3 次修订，不断把全面从严治党的丰富理论和实践成果上升为制度规范、转化为纪律要求，实现党的纪律建设与时俱进。2023 年年底的最新一次修订，是贯彻落实习近平新时代中国特色社会主义思想和党的二十大精神的必然要求，是将党章要求具体化为纪律规定的实际行动，是总结从严管党治党经验、实现制度与时俱进的现实需要。这次集中性党纪学习教育以新修订《条例》为准绳，组织党员特别是党员干部认真学习《条例》，全面对标《条例》，带头学纪知纪明纪守纪，教育引导广大党员干部不断强化党的意识、纪律意识、规矩意识，切实维护纪律的刚性和严肃性，自觉地用党规党纪校正自己的思想和行动。

开展党纪学习教育是全党一项重要政治任务，也是一项长期政治任务，不是一两次集中性学习教育就能够完全实现目标的，需要常态化地推进，建立起经常性和集中性相结合的纪律教育机制，综合发挥党的纪律教育约束、保障激励作用，巩固和深化党纪学习教育成果。新修订《条例》的贯彻落实，也不是逞一时之功就能够全面消化吸收的，需要长期学习践行、久久为功。只有原原本本、逐章逐条地把《条例》的各项纪律规定搞清楚，把为什么修订、修订了什么等弄明白，准确掌握其中的主旨要义，才能学深学透学到位，真正使党纪学习教育的过程成为增强纪律意识、提高党性修养的过程，把党纪学习教育成果持续转化为推动高质量发展的强大动力。

“木受绳则直，金就砺则利。”广大党员干部自觉学纪、准确知纪、心中明纪、严格守纪，方能清清白白做人、干干净净做事，不辜负党和人民的期望和重托。有革命理想作灯塔，有铁的纪律作保证，我们党必将更加团结成一块“坚硬的钢铁”，带领人民赢得更加伟大的胜利和荣光！

第一章

突出严的基调，全面加强党的纪律建设

以严的基调全面加强党的纪律建设，是党的十八大以来正风肃纪的鲜明导向。新修订《条例》的出台正是这一导向的生动诠释。《条例》从党章这个总源头出发，开篇即以严的基调明确了总体要求和适用范围，体现了党的纪律的严肃性和权威性。

一 与时俱进修订完善党纪规范

与时俱进修订完善党纪规范是适应新形势下党的纪律建设要求的必然之举。1997 年 2 月，党中央首次印发纪律处分的集中规定——《中国共产党纪律处分条例（试行）》。2003 年 12 月，党中央对《条例》进行修订。党的十八大以来，又经过 2015 年、2018 年的两次修订，党中央于 2023 年 12 月再次对《条例》进行修订，把近年来党的纪律建设的理论创新和实践创新成果及时地吸纳到《条例》中。

这是贯彻落实党的二十大精神的具体行动。习近平总书记在党的二十大报告中指出，坚持以严的基调强化正风肃纪，要求全面加强党的纪律建设。此次《条例》修订是贯彻落实习近平新时代中国特色社会主义思想的具体表现，是坚决查处违反党纪问题、落实全面从严治党战略部署的实践安排，对于深刻领悟“两个确立”的决定性意义、坚决做到“两个维护”、确保全党高度一致具有重大意义。

这是对监督执纪新经验新做法的系统总结。党的十八大以来，我们党把以党章、准则、条例、规定为主体的管党治党制度作为监督执纪的重要武器，取得了巨大成绩，积累了很多新鲜经验。此次《条例》修订是把我们党监督执纪的理论创新、实践创新、制度创新成果及时地固化为纪律规范，以更好地发挥纪律“治未病”作用。

这是对党章和党内法规新要求的细化完善。《条例》是党内法规体系的重要组成部分，围绕党纪戒尺要求，开列“负面清单”，重在立规，划出了党组织和党员不可触碰的底线，

延伸阅读

党内法规体系的框架

党内法规体系，是以党章为根本，以民主集中制为核心，以准则、条例等中央党内法规为主干，以部委党内法规、地方党内法规为重要组成部分，由各领域各层级党内法规组成的有机统一整体。按照“规范主体、规范行为、规范监督”相统筹相协调的原则，党内法规体系以“1+4”为基本框架，即在党章之下分为党的组织法规、党的领导法规、党的自身建设法规、党的监督保障法规四大板块。经过长期努力特别是党的十八大以来的加速推进，一个比较完善的党内法规体系在建党100周年之际已经形成。在这个体系中，党章居于统领地位，覆盖党的领导和党的建设各方面的基础主干党内法规基本上应有尽有，各板块的党内法规比较齐全，各领域各层级的配套党内法规比较完备，党内法规体系内部总体做到了内容科学、协调统一，我们党管党治党、执政治国全面实现了有规可依、有章可循。

是对党章和相关党内法规的具体化。此次《条例》修订正是将党章和其他党内法规的新要求细化为纪律规定的实际行动，是与其他党内法规、国家法律相衔接的生动体现。

二 把严的基调、严的措施、严的氛围长期坚持下去

把严的基调、严的措施、严的氛围长期坚持下去，是党的纪律处分工作必须遵循的原则。该原则在《条例》中得到充分坚持和很好贯彻，彰显了管党治党“严”的主基调、总要求和最强音。

这一原则彰显了党时刻保持解决大党独有难题的清醒坚定。解决大党独有难题是长期而艰巨的任务，我们党作为世界上最大的马克思主义执政党，要始终赢得人民拥护、巩固长期执政地位，决不能有松劲歇脚、疲劳厌战的情绪。贯穿《条例》始终的“严”基调能够像“紧箍咒”一样，时刻提醒中国共产党面临的各种风险考验，使党始终居安思危，增强忧患意识、保持“赶考”清醒。

这一原则彰显了党纵深推进全面从严治党的坚定决心。办好中国的事情，关键在党。全面从严治党是党的长期战略

和永恒课题，加强纪律建设是全面从严治党的治本之策，必须在全链条全周期全覆盖上持续用力。《条例》的每一条“严”规定都像带电的“高压线”，时刻警醒全党，为推进全面从严治党向纵深发展提供纪律保障。

这一原则彰显了党把握严的方向面向未来的高度自觉。严字当头是党的十八大以来正风肃纪取得历史性成就的有力武器。中国共产党立足现实，把握严的方向面向未来，能够

延伸阅读

大党独有难题

我们党作为世界上最大的马克思主义执政党，要始终赢得人民拥护、巩固长期执政地位，必须时刻保持解决大党独有难题的清醒和坚定。2023 年 1 月，习近平总书记在二十届中央纪委二次全会上的重要讲话中明确了大党独有难题的主要表现，即如何始终不忘初心、牢记使命，如何始终统一思想、统一意志、统一行动，如何始终具备强大的执政能力和领导水平，如何始终保持干事创业精神状态，如何始终能够及时发现和解决自身存在的问题，如何始终保持风清气正的政治生态。“六个如何始终”充分彰显了新时代中国共产党人深沉的忧患意识和一贯的冷静清醒，集中体现了中国共产党强烈的责任担当和坚定的战略自信。解决“六个如何始终”的难题，是实现新时代新征程党的使命任务必须迈过的一道坎，是全面从严治党适应新形势新要求必须啃下的硬骨头。

让《条例》始终成为纪律建设的“安全带”，使全党能够在严的基调、严的措施、严的氛围中形成学纪、知纪、明纪、守纪的政治自觉、思想自觉和行动自觉。

三 第一章“总体要求和适用范围”导读

《条例》第一章“总体要求和适用范围”共6条，修改5条，主要从整体上明确《条例》的制定目的和主要依据、指导思想、任务要求、基本原则和适用范围等。

条例原文

第二条　党的纪律建设必须坚持以马克思列宁主义、毛泽东思想、邓小平理论、“三个代表”重要思想、科学发展观、习近平新时代中国特色社会主义思想为指导，坚持和加强党的全面领导，坚决维护习近平总书记党中央的核心、全党的核心地位，坚决维护以习近平同志为核心的党中央权威和集中统一领导，弘扬伟大建党精神，坚持自我革命，贯彻全面从严治党战略方针，落实新时代党的建设总要求，推动解决大党独有难题、健全全面从严治党体系，全面加强党的纪律建设，为以中国式现代化全面推进强国建设、民族复兴伟业提供坚强纪律保障。

学习导读

本条明确了党的纪律建设的指导思想，把以习近平同志为核心的党中央关于党的纪律建设的重要指示精神转化为纪律要求，保证党的纪律建设能够始终在党的创新理论指导下与时俱进。同时，“弘扬伟大建党精神”“推动解决大党独有

延伸阅读

伟大建党精神

2021年7月1日，习近平总书记在庆祝中国共产党成立100周年大会上的重要讲话中首次提炼和概括了“伟大建党精神”，他指出：“一百年前，中国共产党的先驱们创建了中国共产党，形成了坚持真理、坚守理想，践行初心、担当使命，不怕牺牲、英勇斗争，对党忠诚、不负人民的伟大建党精神，这是中国共产党的精神之源。”在伟大建党精神的科学内涵中，坚持真理、坚守理想体现了我们党思想先进、信仰坚定的思想优势，践行初心、担当使命体现了我们党初心不改、永葆本色的政治优势，不怕牺牲、英勇斗争体现了我们党坚毅顽强、敢于斗争的精神优势，对党忠诚、不负人民体现了我们党品格高尚、心系人民的道德优势。伟大建党精神是保证中国革命、建设和改革能够不断取得胜利的精神根基，更是新征程上我们党带领人民继往开来、砥砺奋进的磅礴力量。

难题”“健全全面从严治党体系”等部署要求全面落实新增到纪律建设的具体条文中，进一步明确了党的纪律建设目标要求和总体定位，能够切实为以中国式现代化全面推进强国建设、民族复兴伟业提供坚强纪律保障。

以案说纪

秦岭北麓一度不断出现违规、违法建设的别墅，中央虽然三令五申，地方也出台了多项政策法规，要求保护好秦岭生态环境，但还是有很多人盯上秦岭的好山好水，试图将“国家公园”变为“私家花园”，严重破坏生态环境。2014年3月，秦岭违建别墅破坏生态环境情况再次被媒体曝光。从2014年5月到2018年7月，习近平总书记先后6次就“秦岭违建”作出批示指示。对于生态文明建设这一中央重大决策部署，对习近平总书记带有严厉批评的前5次重要批示，陕西省委、西安市委都没有引起真正重视，对违建别墅清查整治走过场。第6次批示时，习近平总书记特别强调：“首先从政治纪律查起，彻底查处整而未治、阳奉阴违、禁而不绝的问题。”当月下旬，中央专门派出中纪委领衔的专项整治工作组入驻陕西，展开针对秦岭违建别墅的整治行动。当年11月初，秦岭北麓西安境内共清查出1194栋违建别墅，其中依法拆除1185栋，依法没收9栋，改造后用于公共事业；依法收回国有土地4557亩、退还集体土地3257亩；实现了从全面拆除到全面复绿；一些党员干部因违纪违法被立案调查。

相关法规

《中国共产党章程》总纲

条例原文

第三条　党章是最根本的党内法规，是管党治党的总规矩。党的纪律是党的各级组织和全体党员必须遵守的行为规则。党组织和党员必须坚守初心使命，牢固树立政治意识、大局意识、核心意识、看齐意识，始终坚定道路自信、理论自信、制度自信、文化自信，切实践行正确的权力观、政绩观、事业观，自觉遵守和维护党章，严格执行和维护党的纪律，自觉接受党的纪律约束，模范遵守国家法律法规。

学习导读

本条明确了党章和《条例》在党内法规体系中的地位及二者关系，要求全党必须自觉遵守和维护党章，严格执行和维护党纪，模范遵守国家法律法规，展现了党的先进性。《条例》把党章中与纪律相关的总体规定进一步细化为党的纪律条文，新增了“坚守初心使命”“始终坚定道路自信、理论自信、制度自信、文化自信”“切实践行正确的权力观、政绩观、事业观”等新要求。

延伸阅读

坚定“四个自信”

“四个自信”即中国特色社会主义道路自信、理论自信、制度自信、文化自信。坚定道路自信，就是坚信中国特色社会主义道路是我国实现社会主义现代化、创造人民美好生活的必由之路，是实现中华民族伟大复兴的必由之路；坚定理论自信，就是坚信中国特色社会主义理论体系是指导党和人民实现中华民族伟大复兴的正确理论，是立足时代前沿、与时俱进的科学理论；坚定制度自信，就是坚信中国特色社会主义制度是当代中国发展进步的根本制度保障，是具有明显制度优势、强大自我完善能力的先进制度；坚定文化自信，就是坚信中国特色社会主义文化积淀着中华民族最深层的精神追求，代表着中华民族独特的精神标识，是激励全党全国各族人民奋勇前进的强大精神力量。“四个自信”有机统一，相辅相成。全党同志要倍加珍惜、长期坚持和不断发展党历经艰辛开创的这条道路、这个理论体系、这个制度、这个文化，高举中国特色社会主义伟大旗帜，坚定“四个自信”。

以案说纪

违背群众意愿、一味追求政绩搞“形象工程”“政绩工程”，背后是权力观扭曲、政绩观错位。一些领导干部醉心于“作秀”而不是“做事”，热衷于“造势一时”而不是“造福一方”。福建省厦门市人大常委会原主任陈家东在担任漳州市委书记期间，为了早出政绩、快出显绩，大搞“形象工程”“政绩工程”，不经调研论证，盲目决策，造成巨额损失。2013 年陈家东任漳州市委书记后不久，就提出打造“闽南生态文化走廊”示范段，并提出按照一比一的比例复制漳州古厝，打造建设 6 个驿站。依托本地特点打造旅游项目本身不是问题，问题在于，陈家东的出发点存在严重偏差，考虑的不是如何带来长远效益，而是希望在当年花卉博览会之前突击建设，好让上级领导看到自己的政绩。由于陈家东一心想的是求大求快，在这个项目上不经调查研究、不顾实际情况、不经科学论证，仅凭自己的主观臆想就强行拍板推进。6 座仿古驿站总花费达 2.11 亿元，每座规模都相当大，最大的一座占地 6 万多平方米。到建成后投入运营时，种种问题显现出来。这些驿站都是原样复制当地著名古厝，旅游者到了漳州，自然选择去看古建筑本身，而不会来看复制品。从选址上，这 6 座驿站分散在 25 公里长的国道沿线，形不成聚拢效应。大多数驿站由此长期荒废闲置，维护成本高昂。2023 年 9 月，陈家东被判处无期徒刑，剥夺政治权利终身，并处没收个人全部财产。

相关法规

《中国共产党章程》总纲、第三十六条

条例原文

第四条 党的纪律处分工作遵循下列原则：

（一）坚持党要管党、全面从严治党。把严的基调、严的措施、严的氛围长期坚持下去，加强对党的各级组织和全体党员的教育、管理和监督，把纪律挺在前面，抓早抓小、防微杜渐。

（二）党纪面前一律平等。对违犯党纪的党组织和党员必须严肃、公正执行纪律，党内不允许有任何不受纪律约束的党组织和党员。

（三）实事求是。对党组织和党员违犯党纪的行为，应当以事实为依据，以党章、其他党内法规和国家法律法规为准绳，执纪执法贯通，准确认定行为性质，区别不同情况，恰当予以处理。

（四）民主集中制。实施党纪处分，应当按照规定程序经党组织集体讨论决定，不允许任何个人或者少数人擅自决定和批准。上级党组织对违犯党纪的党组织和党员作出的处理决定，下级党组织必须执行。

（五）惩前毖后、治病救人。处理违犯党纪的党组织和党员，应当实行惩戒与教育相结合，做到宽严相济。

学习导读

本条主要规定了党的纪律处分工作必须遵循的5项原则。

这些原则在坚持党要管党、全面从严治党的基本方针基础上，突出了党的纪律面前人人平等的原则，明确了违纪行为的认

延伸阅读

执纪执法贯通

纪律和法律，都是国家治理体系的重要组成部分，是中国特色社会主义制度体系的重要内容，其本质目标是一致的。执纪执法贯通主要是指纪检监察机关通过纪法双施双守，实现党纪和国法有机顺畅地融合适用，既要审查党员涉嫌违纪问题，又要调查公职人员涉嫌职务违法、职务犯罪问题；既要考虑纪的因素，又要统筹法的内容；既要用纪律思维和语言，又要用法律思维和语言，促进执纪审查和依法调查有序对接、互相贯通，使执纪执法同向、精准发力。

执纪和执法贯通，首要的是坚持纪严于法、纪在法前、纪法分开，既要着重强化日常管理和监督，又要保持高压惩治不放松，树立法律权威；运用监督执纪“四种形态”正是执纪执法贯通的有力表现，通过从轻到重层层设防，既用纪律管住“大多数”，也紧盯严重违纪涉嫌违法立案审查的“极少数”。把执纪和执法贯通起来，必须坚持纪法协同，纪法双施双守，要完善纪法衔接条款，实现与监察法的有效衔接。《条例》第三十一条规定的“先作出党纪处分决定，并按照规定由监察机关给予政务处分或者由任免机关（单位）给予处分后，再移送有关国家机关依法处理”的条款正是这一要求的鲜明体现。

定和处理依据以及执纪执法的贯通要求，进一步强调党纪处分实施过程中必须坚持民主集中制和惩前毖后、治病救人的原则要求。

以案说纪

2021 年 4 月，重庆市北碚区某社区原党委书记田某某接受审查调查。调查中发现，田某某 2011 年收受他人共计 15 万元好处费的问题已过追诉时效无法追究其刑事责任，但纪委监委坚持纪严于法，对该事实首先从纪律的角度进行分析和评价，案件审理室在与审查调查组沟通过程中，提醒审查调查人员注意纪法贯通、法法衔接工作中的规范性要求，根据违反廉洁纪律有关条款的构成要件，对照相关证据指引收集固定证据，做到应纪则纪、应法则法，准确运用审查调查措施，对该 15 万元违纪所得予以收缴，对田某某涉嫌贪污罪依法移送审查起诉，并随案移送涉嫌犯罪所得 47 万余元。2022 年 2 月，田某某因犯贪污罪被判处有期徒刑 3 年 6 个月，并处罚金 20 万元，其违纪违法所得全部予以追缴。纪委监委对田某某违反廉洁纪律问题与涉嫌贪污犯罪问题先行作出党纪处分，再依法移送审查起诉，既维护了纪律的严肃性，又精准执行了法律，做到不枉不纵，切实履行纪检监察双重职责。

相关法规

《中国共产党章程》总纲、第四十三条

《关于新形势下党内政治生活的若干准则》

《中国共产党纪律检查机关监督执纪工作规则》第五十三条

条例原文

第五条　深化运用监督执纪“四种形态”，经常开展批评和自我批评，及时进行谈话提醒、批评教育、责令检查、诫勉，让“红红脸、出出汗”成为常态；党纪轻处分、组织调整成为违纪处理的大多数；党纪重处分、重大职务调整的成为少数；严重违纪涉嫌犯罪追究刑事责任的成为极少数。

学习导读

本条是对监督执纪“四种形态”的具体纪律规定，把“四种形态”实践的新形式和新经验通过纪律条文修订的形式固定下来，展现了党纪法规与时俱进的精神特质。条文中把原有第一种形态的表现“约谈函询”删除，修订为“及时进行谈话提醒、批评教育、责令检查、诫勉”，这是对近年来监督执纪第一种形态的丰富完善，是第一种形态实践创新成果的制度化反映；新增“深化”二字，更加凸显了“四种形态”在监督执纪过程中发挥的重要作用。

延伸阅读

监督执纪“四种形态”

在监督执纪“四种形态”中，第一种形态是经常开展批评和自我批评，及时进行谈话提醒、批评教育、责令检查、诫勉，让“红红脸、出出汗”成为常态；第二种形态是让党纪轻处分、组织调整成为违纪处理的大多数；第三种形态是让党纪重处分、重大职务调整的成为少数；第四种形态是让严重违纪涉嫌犯罪追究刑事责任的成为极少数，同时对司法机关先行追究刑事责任，之后由纪检监察机关依纪依法给予其开除党籍、开除公职处分的，亦纳入第四种形态予以统计。监督执纪“四种形态”已成为纪检监察机关执纪执法的重要遵循，是监督执纪关口前移、惩防并举的重要途径。把握好监督执纪“四种形态”，能够有效阻断违纪进程，做到“防患于未然”，在预防腐败上构建立体防治体系。

以案说纪

监督执纪“四种形态”是把纪律挺在前面的具体化。全面从严治党，不只是惩治极少数严重违纪并已涉嫌违法的人，更要用严明的纪律管全党、治全党，通过抓早抓小、层层设防、时时提醒，使党员干部不犯或少犯错误，做到有病早治、防微杜渐。党的十八大以来，监督执纪“四种形态”正是全面从严治党实践的重要创新成果。中央纪委国家监委网站近

5年发布的数据显示，从2019年到2023年，运用第一种形态批评教育和处理的人次占比平均约为67.3%，运用第二种形态处理的人次占比平均约为25.5%，运用第三种形态处理的人次占比平均约为3.6%，运用第四种形态处理的人次占比平均约为3.6%。今年7月，中央纪委国家监委通报了2024年上半年全国纪检监察机关监督检查、审查调查情况，全国纪检监察机关运用“四种形态”批评教育和处理87.9万人次。其中，运用第一种形态批评教育和处理54.2万人次，占总人次的61.6%；运用第二种形态处理27.1万人次，占30.8%；运用第三种形态处理3.1万人次，占3.5%；运用第四种形态处理3.6万人次，占4.1%。坚持受贿行贿一起查，立案行贿人员1.2万人，移送检察机关1941人。以上数据充分显示了监督执纪“四种形态”的运用成效，为深化运用监督执纪“四种形态”积累了宝贵经验。

相关法规

《中国共产党章程》总纲、第四十条

《中国共产党党内监督条例》

《中国共产党纪律检查委员会工作条例》第三十一条

第二章

严明党的纪律，完善纪律处分运用规则

完善纪律处分运用规则是严明党纪的基础。《条例》明确了党员和党组织的纪律处分种类、各类处分的概念与影响期、纪律处分的具体运用规则、违法犯罪党员纪律处分的内容标准等，补充了违纪情形的新表现，加强了纪法衔接，为执纪中的定性量纪提供了基本遵循，从而实现了政治效果、纪法效果和社会效果的有机统一。

一　纪律处分种类及影响期

党的纪律是党的各级组织和全体党员必须遵守的行为规则。党组织和党员违反党纪国法，危害党、国家和人民的利益，都必须受到追究，给予纪律处理或者处分。对党员的纪律处分种类分有警告、严重警告、撤销党内职务、留党察看和开除党籍 5 种。5 种处分均有相应的处分影响期。

（一）警告和严重警告及影响期

警告是党组织对违纪党员提出的告诫，以促使其端正态度、认识错误、改正行为。它是 5 种纪律处分中最轻的一种，适用于违纪情节较轻，但必须给予党纪处分的党员。严重警告一般指党员所犯错误性质和程度比警告处分严重，但没有达到给予重处分程度的党纪处分。

受不同程度警告处分的党员，其处分影响期分别是一年、一年半。处分影响期内，违纪党员不得在党内提拔职务或者进一步使用，也不得向党外组织推荐担任高于其原任职务的党外职务或者进一步使用。新增不得“进一步使用”的要求。《条例》第十条对警告和严重警告及其影响期作了相应规定。

延伸阅读

进一步使用

“进一步使用”是指在职级不变的情况下，安排到更加重要的岗位任职。党政组织中，在职级不变的情况下，干部管理权限提高、职级转任领导职务、领导班子主要负责人之间转岗、部门领导转任地方担任领导、二线岗位转为一线岗位、转任党内排名靠前的职务、副职调任其他单位的正职等，均属于党员、干部“进一步使用”范畴，与以往干部选拔任用工作中提及的“重用”含义一致。职级公务员专任、兼任领导职务的不属于“进一步使用”，而是属于“提拔任职”。《条例》进一步体现了从严监督执纪的鲜明导向，在受党内警告、严重警告处分后的处分执行标准更加严格，覆盖情形更为完备。

（二）撤销党内职务及影响期

撤销党内职务属于较严重的党纪处分，适用于所犯错误性质、情节严重的违纪党员。受撤销党内职务处分的党员如担任两个以上党内职务，需明确撤销职务数量，并从最高职务开始依次处理；针对违纪党员在党外组织担任职务的，党组织有“应当”加“建议”的处理方式，并将2018年《条例》中“依照规定作出相应处理”修改为“撤销其党外职务”，强化了对受撤销党内职务的党员在党内、外担任职务时所受处分原则的一致性。针对违纪党员被免职后可否给予其撤销党内职务处分的问题，新增“在立案审查中因涉嫌违犯党纪被免职的党员”的情况，对应受撤销党内处分的党员，鉴于党内职务有无，分别给予撤销党内职务处分、严重警告处分。同时，有在党外组织担任职务的建议撤销其党外职务。

撤销党内职务处分的影响期是两年。在影响期内，受处分党员不得在党内担任和向党外组织推荐担任与其原任职务相当或者高于其原任职务的职务。《条例》第十一条对撤销党内职务及影响期作了相应规定。

（三）留党察看及影响期

留党察看是仅次于开除党籍的一种较重的党纪处分，适用于严重违纪，但尚未完全丧失共产党员条件的党员，需要给其改正错误的机会，以便党组织继续考察。党员受留党察看处分的，其党内职务自然撤销。有担任党外职务的，应当建议党外组织撤销其党外职务。党的各级代表大会的代表受到留党察看以上（含留党察看）处分的，党组织应当终止其代表资格。

受留党察看处分的党员，在留党察看期间的表现是党组织决定是否恢复其党员权利的依据。受此处分党员在处分期间没有表决权、选举权和被选举权，对于确有悔改表现，通过主动承认错误、遵守法律法规不再违犯、积极参加组织生活、积极完成党组织交办的任务等方式，完成思想上、行为上的改正，所在党组织在其处分期满后，根据《中国共产党处分违纪党员批准权限和程序规定》以及《中共中央纪委关于规范和明确党员受留党察看处分期满后恢复党员权利等工作程序的通知》等规定，经认真考察，符合条件的按程序办理党员权利恢复事项。对坚持不改原来错误，继续犯同类错误或者又犯其他严重错误，以及在留党察看期间产生新的违纪行为，包括留党察看处分前没有如实交代，经查实给予开除党籍处分。

留党察看处分的影响期包括处分期以及恢复党员权利后的规定期限。留党察看处分期有一年和二年之别，但最长不得超过二年。留党察看一年的处分，在期满后仍不符合恢复党员权利条件的，可以延长一年期限；留党察看期限最长不超过二年，期满符合条件的恢复党员权利。受留党察看处分的党员，在恢复党员权利后二年内，不得在党内担任和向党外组织推荐担任与其原任职务相当或者高于其原任职务的职务。《条例》第十二条对留党察看及影响期作了相应规定。

（四）开除党籍及影响期

对违纪党员的处理态度，党组织始终坚持惩前毖后、治病救人，执纪必严、违纪必究的方针。严重违纪、已丧失共产党员条件的党员必须开除党籍。开除党籍是党内最重的处分，在

5种党纪处分中为最后手段。因此，在采用这种处分时，必须全面研究有关的材料和意见，采取十分慎重的态度。

受开除党籍处分的党员，5年内不得重新入党且5年内不得推荐担任与其原任职务相当或者高于其原任职务的党外

延伸阅读

党史上第一个被开除党籍的党员——陈公博

陈公博，广东南海人，1917年考入北京大学哲学系，在陈独秀的影响下，加入中国共产党。1921年7月23日，陈公博作为广州代表参加党的一大。会间，他对其他代表的不同意见和正常争论视为两派互相摩擦、倾轧而“心内冷然”，产生“不由得起了待机而退的心事”。借下榻旅馆发生凶杀案“吓得魂不附体”，缺席剩余会议，带着妻子到杭州游玩。回广州后，陈公博很少参加党组织活动，并擅自联系到美国留学。1922年6月，陈炯明公开和孙中山决裂，陈公博违反中央规定，写文章支持陈炯明，想以此为个人升官铺路。为挽救陈公博，中共中央派张太雷去做其工作，然其不但断然拒绝，甚至还扬言：“拟离党而另组广东共产党。”鉴于陈公博不服从党组织安排，拒绝向党组织汇报情况，并单方面宣布脱党，还未经组织允许便擅自前往美国留学，违反了政治纪律和组织纪律，不思悔改，影响恶劣。1923年春，中共中央决定将其开除出党，陈公博成为党史上第一个被开除党籍的共产党员。

职务；同时，党的各级代表大会的代表受到开除党籍处分的，应当按规定终止其代表资格。《条例》第十三条、第十四条对开除党籍及影响期作了相应规定。

二 纪律处分运用规则

纪律处分运用规则，主要是指实施党纪处分时应当遵守的原则与要求。《条例》用 11 个条目详细阐述了纪律处分运用规则，主要规定了从轻或者减轻处分、特别减轻处分，免予处分、不予处分、不追究党纪责任，从重或者加重处分，处分影响期合并计算，一人有两种以上应受处分的违纪行为的合并处理，一个违纪行为触犯《条例》两个以上条款的处理，以及共同违纪处理等。

（一）从轻或者减轻处分

中国共产党非常注重对党员的教育转化，始终秉持惩前毖后、治病救人的方针，把思想政治工作贯穿党的纪律建设的全过程，使党员形成自觉防止违纪的意识，帮助党员纠正违纪行为，惩治极少数，教育大多数。从轻、减轻处分所作规定正体现了这一要求。

违纪行为程度的处分幅度与违纪行为的危害程度相适应。当违纪行为应当受到的处分幅度是警告、严重警告或者撤销党内职务处分，如果违纪党员具有从轻处分情节，可以给予其警告或者严重警告处分。对党员违纪行为进行处分幅度认定时，根据其违纪事实、危害程度等，确定违纪行为程度属于较重还是严重，以明确违纪行为的处分幅度，如果属于程度严重，且具有减轻处分的，可以在撤销党内职务或者留党察看处分这一处分幅度外，减轻处分，给予严重警告处分。

主动交代	指涉嫌违纪的党员在组织谈话函询、初步核实前向有关组织交代自己的问题，或者在谈话函询、初步核实和立案审查期间交代组织未掌握的问题。
如实说明	指涉嫌违纪的党员如实讲清组织已掌握的主要违纪事实。如果避重就轻，只交代次要违纪事实而不如实交代主要违纪事实，或者有意编造、隐瞒主要情节，掩盖主要事实，则不能视为如实说明。
主动挽回损失	指涉嫌违纪的党员在违纪行为已经造成损失的情况下，主动采取有效措施，最终使损失后果得以有效减少或消除。
主动消除不良影响	指在违纪行为已经造成不良影响的情况下，主动采取弥补措施，消除该不良影响。
有效阻止危害结果发生	指在违纪行为尚未造成危害结果的情况下，主动采取措施防止了危害结果的发生。
主动上交	指在有关党组织尚未作出没收、收缴等决定前，违纪党员主动将自己违纪所得的财物上交组织。
主动退赔	指违纪所得的财物因消耗、使用或毁坏而无法追回原物或恢复原状时，违纪党员主动用金钱或实物予以赔偿。被追缴或责令退赔的不能认定为从轻、减轻情节。

同时，违纪党员能够对违纪事实在主动交代、如实说明、检举、立功表现、主动挽回损失、主动消除不良影响、有效阻止危害结果发生、主动上交、主动退赔等方面作出表现，可以从轻或者减轻处分，但对于给予开除党籍处分的党员，不能适用减轻处分的规定。《条例》第十七条、第二十二条、第二十三条对从轻或者减轻处分作了相应规定。

（二）免予处分、不予处分、不追究党纪责任

习近平总书记强调，要坚持严管和厚爱结合、激励和约束并重，更好激发广大党员、干部的积极性、主动性、创造性。《条例》分别对免予处分、不予处分、不追究党纪责任作出规定，对一般违纪、轻微违纪、不属于违纪行为分别给予了相应明确的处理规范，把从严管理监督和鼓励担当作为有

延伸阅读

正确认识“三个区分开来”

2016 年 1 月 18 日，习近平总书记在省部级主要领导干部学习贯彻党的十八届五中全会精神专题研讨班上的讲话中提出“三个区分开来”。一是要把干部在推进改革中因缺乏经验、先行先试出现的失误和错误，同明知故犯的违纪违法行为区分开来。作为组织部门，需要为干部提供试验的机会，鼓励干部

敢闯敢干事，鼓励犯过错误的干部放下包袱、轻装上阵、再接再厉，将“无心之错”与“违心犯错”区分开来，坚持有错必改、有过必究。二是把上级尚无明确限制的探索性试验中的失误和错误，同上级明令禁止后依然我行我素的违纪违法行为区分开来。改革发展中的许多未知领域只能“摸着石头过河”，探索性试错能够为党员干部开拓创新提供施展空间，适度赋予其相对宽松的裁量权，有利于调动党员干部改革创新的积极性。但是，如果上级已经明令禁止了，错误出现了仍然我行我素，就是踩了“底线”、碰了“禁区”，其性质就发生了根本性转变，属于违纪违法行为。三是把为推动发展的无意过失，同为谋取私利的违纪违法行为区分开来。无意过失表明干部在主观认知上有一定不足，使之难以提前预见损害性后果，其过失并非故意为之。判断党员干部在推进发展中的“无意过失”与“故意为之”两类行为，关键要看其行为的出发点是为了推动改革发展还是为了谋取私利。后者在主观上为谋取私利故意触碰党纪国法底线，属于违纪违法行为，无论其对改革本身有益还是无益，都不能姑息纵容。

机统一起来，为准确运用监督执纪“四种形态”、落实“三个区分开来”提供了制度依据。

免予处分主要适用于应当给予警告或者严重警告处分，但是具有条例第十七条规定的情形之一或者条例分则中另有规定的其他情形的违纪党员，视情形给予批评教育、责令检查、诫勉或者组织处理，依照规定免予党纪处分。为进一步强化监督执纪第一种形态的适用情形和处置方式，《条例》新增不予党纪处分的内容，对违纪党员有作风纪律方面的苗头性、倾向性问题或情节轻微的，视情形给予谈话提醒、批评教育、责令检查、诫勉等处理。为加强对干部全方位管理和经常性监督，落实党的二十大精神，激励干部敢于担当、积极作为，新增不追究党纪责任的内容，强调违纪行为需要同时具备客观违规性和主观有责性，将党员不是出于故意或者过失，而是因不可抗力等原因造成的损失或者后果与出于故意或过失的违纪行为区别开来，明确对无过错行为不追究党纪责任的基本规则，从而有利于防范和纠正不考察具体情形随意执纪的问题。《条例》第十九条对免予处分、不予处分、不追究党纪责任作了相应规定。

（三）从重或者加重处分

对违纪党员进行从重或者加重处分是相对于从轻或者减轻处分而言的，体现了党的纪律审查工作中坚持执纪必严、违纪必究方针和宽严相济的原则。当违纪行为应当受到的处分幅度是警告或者严重警告，如果违纪党员具有从重处理情节，应当给予严重警告处分。对党员违纪行为进行处分幅度认定时，要根据违纪事实、危害程度等，确定其违纪行为的程度是属于情节较重还是情节严重，以明确其违纪行为的处分幅度，如果属于情节较重，且具有加重处分情节的，可以在警告或者严重警告处分这一处分幅度外，加重处分，给予撤销党内职务处分。同时，违纪党员在产生违纪行为过程中或者过程后，发生强迫、唆使他人违纪，拒不上交或者退赔违纪所得，又因故意违纪，又被发现其受处分前没有交代的其他应当受到党纪处分的问题等 5 个方面的违纪行为，应给予从重或者加重处分。《条例》第二十条、第二十二条、第二十三条对从重或者加重处分作了相应规定。

强迫他人违纪	指违纪党员对其他没有违纪故意的党员施加精神强制，使其不敢不实施或者参加违纪行为。
唆使他人违纪	指通过言语、行为等方式，故意怂恿、挑动、指使其他党员违纪。
拒不上交或者退赔违纪所得	指违纪党员有上交或者退赔违纪所得的能力、条件，但不愿上交或者退赔的情形。
又因故意违纪	指党员因违纪受到违纪处分后，在明知自身行为会发生危害党、国家和人民利益的前提下，又再次实施了应当受到党纪处分的故意违纪行为；对于违纪党员的前一次违纪不区分是否故意，后一次则属于故意违纪。
又被发现其受处分前没有交代的其他应当受到党纪处分的问题	违纪党员在前次组织审查期间，态度不端正，对党不忠诚、不老实，没有如实向组织交代自己存在的应受到党纪处分的违纪问题。

（四）共同违纪处分

党员实施的违纪行为，既有个人单独实施的，也有与其他党员共同故意实施的。分清违纪成员的主体责任，可以对

延伸阅读

党史上第一个集体腐败案

于都县位于江西省南部，是赣南第一块红色根据地。20世纪30年代，于都县党的干部中出现了腐败，苏维埃政府的3个主席和9个部长中，就有3个主席和6个部长做生意，形成了以县委书记刘洪清、县苏维埃政府主席熊仙璧为首的投机商集团，与民争利，群众生活异常困难。1934年2月，中央政府副主席兼工农检察部部长项英率中央工作组赴于都县检查工作。经查，发现县苏维埃政府军事部长造假账向动员武装部冒领公款；县苏维埃政府主席熊仙璧、县委组织部长、县军事部长、县劳动部长与文书等贪污公款谋私；县委书记刘洪清和少数工作人员合伙利用互济会公款做投机生意。以县委书记、县苏维埃政府主席为首的官员集体腐败违纪，漠视党纪法规，滥用职权。中央工作组对此作出严肃处理，枪决4名贪污犯，改组中共于都县委和县苏维埃政府，撤销县委书记刘洪清职务；原县苏维埃政府主席熊仙璧亦被撤职，并受到开除中央执行委员会委员、监禁一年、剥夺公权一年的处分。此次事件时称“于都事件”，是我党历史上第一个集体腐败案。

违纪党员个人或共同体作出精准处分。共同违纪行为主体必须由两名及两名以上违纪党员组成，且具有共同故意和共同违纪行为，在违纪活动中同构了实施违纪行为的整体。党员的共同违纪要对为首者，从重处分；其他成员按照其在共同违纪中所起的作用和应负的责任，分别给予处分。涉及经济方面的共同违纪，按照个人参与数额及其所起作用，分别给予处分；对共同违纪的为首者，情节严重的，按照共同违纪的总数额处分。党组织领导机构集体违纪要分类作出相应处理，对具有共同故意的成员，按共同违纪处理，对过失违纪的成员，按照各自在集体违纪中所起的作用和应负的责任分别给予处分。同时，在处理党组织领导机构集体违纪情节时，不能以“集体领导”“集体负责”“集体研究”等为借口，不追究集体作出违纪决定或者集体实施违纪行为的领导成员责任。《条例》第二十六条、第二十七条对共同违纪处分作了相应规定。

（五）直接责任者、主要领导责任者及重要领导责任者

党委主体责任和纪委监督责任是全面从严治党责任的两个重要方面，是党章赋予的法定职责。《条例》紧紧抓住这一要点，在对违纪行为责任的区分上，进一步细化了直接责任者、主要领导责任者、重要领导责任者的区别，并说明了具体含义。在“主要领导责任者”规定中，将2018年《条例》

“对直接主管的工作不履行或者不正确履行职责”中的“直接”删除，一方面为了适应领导班子分工的实际情况需要，另一方面为了解决领导干部在是否承担主要领导责任上就其是不是直接分管、符不符合承担主要领导责任的条件的异议，并认为自己应当承担重要领导责任的问题。同时，还对领导责任者进行定义，指出“本条例所称领导责任者，包括主要领导责任者和重要领导责任者”。《条例》第三十九条对直接责任者、主要领导责任者及重要领导责任者作了相应规定。

职责范围内	指依照其法定职务或者组织交办的应当承担的具体工作责任和应履行的义务。
不履行职责	一般表现为应当作为而不作为，如拒绝履行职责、拖延履行职责或者擅离职守等。
不正确履行职责	包括超越职权，或者违反规定处理公务，也包括不认真履行职责的情况。
主管的工作	指有明确分工或党组织交办由其负责、管辖的工作。
应管的工作	是指虽然没有明确分工由其主管，但按照法定职责范围应当由其负责、管辖的工作。

三 第二章至第五章导读

《条例》总则中的第二章至第五章，共42条，增写5条，修改21条，通过规定纪律与纪律处分、纪律处分运用规则、对违法犯罪党员的纪律处分以及其他规定的内容，完善了纪法衔接，促进了执纪执法的贯通，进一步加大了纪律处分运用规则的力度，贯彻落实党中央对“三个区分开来”的要求，把纪律和规矩挺在前面与鼓励担当统一起来。

条例原文

第七条 党组织和党员违反党章和其他党内法规，违反国家法律法规，违反党和国家政策，违反社会主义道德，危害党、国家和人民利益的行为，依照规定应当给予纪律处理或者处分的，都必须受到追究。

重点查处党的十八大以来不收敛、不收手，问题线索反映集中、群众反映强烈，政治问题和经济问题交织的腐败案件，违反中央八项规定精神的问题。

学习导读

本条规定了应当受到纪律处分的行为和执纪审查的重点，指出了对党组织给予纪律处理或者对党员给予纪律处分的3个条件，强调了加强党的纪律建设的重要时间节点，体现了人民至上的根本立场、旗帜鲜明的斗争态度以及对作风问题的高度重视。

延伸阅读

中央八项规定精神

2012年12月4日，中共中央政治局召开会议，审议通过了《中共中央政治局关于改进工作作风、密切联系群众的八项规定》，从改进调查研究、精简会议活动、精简文件简报、规范出访活动、改进警卫工作、改进新闻报道、严格文稿发表、厉行勤俭节约8个方面规定了党员领导干部平时的工作要求和行为准则，坚决反对形式主义、官僚主义、享乐主义和奢靡之风。党的十八大以来，截至2024年6月底，全国累计查处违反中央八项规定精神问题951155起，批评教育帮助和处理党员干部1345298人，给予党纪政务处分855125人。从严肃整治浪费到深入治理隐形变异“四风”问题，从坚决纠治文山会海、过度留痕到靶向纠治形式主义、官僚主义问题，从健全每月公布查处结果、重要节点通报曝光制度到一体推进“三不腐”作风建设长效机制，中央八项规定纠治了一些多年未除的顽瘴痼疾，解决了群众反映强烈、损害群众利益的突出问题。违反中央八项规定精神典型问题予以通报曝光，充分发挥了警示、震慑作用，党风政风和社会风气为之一新。中央八项规定已成为作风建设的代名词、新时代共产党人的一张“金色名片”，让落实中央八项规定精神成为中国共产党人永远的冲锋号。

以案说纪

重庆市政府原党组成员、副市长熊某严重违纪。在重大原则问题上不同党中央保持一致，搞“七个有之”；违反中央八项规定精神；对党不忠诚不老实，隐瞒不报个人有关事项；违规收受礼品、礼金；不正确履行职责；家风不正；将公权力异化为谋取个人私利的工具，利用职务便利为他人在工程承揽、土地获批等方面谋利，并非法收受巨额财物。熊某严重违反党纪法规，构成严重职务违法并涉嫌受贿犯罪，且在党的十八大后不收敛、不收手，性质严重，影响恶劣。2023年11月，经中央纪委常委会会议研究并报中共中央批准，给予熊某开除党籍处分；按规定取消其享受的待遇；收缴其违纪违法所得；将其涉嫌犯罪问题移送检察机关依法审查起诉，所涉财物一并移送。

相关法规

《中国共产党章程》第三条

《关于新形势下党内政治生活的若干准则》

条例原文

第二十八条　对违法犯罪的党员，应当按照规定给予党纪处分，做到适用纪律和适用法律有机融合，党纪政务等处分相匹配。

学习导读

本条是新增内容，规定了对违法犯罪党员纪律处分的总体要求，是对党的纪律处分工作原则中执纪执法贯通要求的具体化，是中央党内法规中第一次就党纪政务等处分相匹配问题作出的明确规定，统领《条例》第四章“对违法犯罪党员的纪律处分”各条规定。通过设定纪法衔接条款等方式，实现党纪处分与国法处理的有效对接；通过设定适用纪律和适用法律有机融合，实现执纪执法贯通，发挥党纪和国法的协同作用。

延伸阅读

党纪政务处分相匹配

监察机关对公职人员中的共产党员给予政务处分，一般应当与党纪处分的轻重程度相匹配。其中，受到撤销党内职务、留党察看处分的，如果担任公职，应当依法给予其撤职等政务处分。严重违犯党纪、严重触犯刑律的公职人员必须依法开除公职。党纪政务等处分相匹配的前提是违纪党员的行为既违反《条例》等党内法规，又同时违反《中华人民共和国公职人员政务处分法》等国家法律法规；如其行为只违反《条例》等党内法规，但不构成违法的，将不存在党纪政务等处分相匹配的问题。

以案说纪

2003年至2014年，秦光荣利用担任中共云南省委常委、云南省人民政府副省长、省委副书记、省长、省委书记等职务上的便利，在工程承揽、股权转让、职务提拔调整等方面谋取利益。至2018年，非法收受他人财物折合人民币共计2389万余元。秦光荣严重违反党纪法规，构成职务违法并涉嫌受贿犯罪，且在党的十八大后不收敛、不收手，性质严重，影响恶劣。2019年4月，秦光荣主动到中央纪委国家监委投案。国家监委对其提出了从宽处罚的建议。2019年9月，经中央纪委常委会会议研究并报中共中央批准，给予秦光荣开除党籍处分；按规定取消其享受的待遇；收缴其违纪违法所得；将其涉嫌犯罪问题移送检察机关依法审查起诉，所涉财物随案移送。2021年1月，四川省成都市中级人民法院公开宣判秦光荣受贿案，认为被告人秦光荣的行为构成受贿罪，数额巨大，应依法惩处。同时，其具有自首情节，受贿款物已全部追缴，认罪悔罪，依法对其予以减轻处罚。对被告人秦光荣以受贿罪判处有期徒刑7年，并处罚金150万元；对其受贿所得财物及孳息予以追缴，上缴国库。

相关法规

《中华人民共和国监察法》第三十一条

《纪检监察机关处理主动投案问题的规定（试行）》第二条

条例原文

第二十九条　党组织在纪律审查中发现党员有贪污贿赂、滥用职权、玩忽职守、权力寻租、利益输送、徇私舞弊、浪费国家资财等违反法律涉嫌犯罪行为的，应当给予撤销党内职务、留党察看或者开除党籍处分。

学习导读

本条是对涉嫌犯罪党员的纪律处分规定，重点突出了《中华人民共和国监察法》规定的 7 类职务犯罪行为。上述行为，根据情节轻重，给予的处分幅度为 3 种，即撤销党内职务、留党察看或者开除党籍。

以案说纪

2008 年至 2020 年，靳某利用担任湖南省郴州市北湖区某镇党委书记等职务上的便利，玩忽职守。在招商工作中，违反招商引资工作要求及规定，未经严格调查与核实，直接拍板决定引进 A 公司。招商协议签订后，A 公司通过伪造合同和银行交易记录、虚开增值税专用发票等方式，申请各项财政补贴。在此过程中，靳某未按工作规定对其进行验收、审核、监督，也未按照大额度资金使用由党委集体决策的要求执行，

延伸阅读

在执纪执法中切勿玩忽职守

从法律上讲，玩忽职守罪是国家机关工作人员严重不负责任，不履行或者不认真履行职责，致使公共财产、国家和人民利益遭受重大损失的行为。从事纪检监察、公安、国家安全、检察、审判、司法工作以及从事海关、税务、工商、审计等行政执法工作的人员，构成执纪、行政执法和司法工作的主体。在具体实施党纪处分和法律时，须根据规定职权和程序规则处理案件，实事求是，坚持原则，不徇私枉法，不侵犯执纪、行政执法和司法机关的正常活动，秉公执纪执法，认真而正确地履行工作职责，切勿玩忽职守。常见玩忽职守的情形：(1) 在查处违纪违法案件中，瞒案不报、压案不报，或故意掩盖、歪曲违纪违法案件事实真相，不向上级报告；不依纪依法履行职责进行查处违纪违法案件，限制、阻挠、拖延对于违纪违法案件的查处。(2) 徇私舞弊，违法办案。(3) 暴力取证，刑讯逼供。(4) 知错不改。(5) 对他人要求保护合法权益的申请，无正当理由不予答复和办理。(6) 违反有关规定办案或不负责任导致有关人员伤亡等事件。

并多次收受A公司所送财物及安排的吃请、旅游等。靳某的渎职行为，致使公共财产遭受重大损失。靳某在部分犯罪事实已被办案机关掌握的情况下，主动交代大部分未被掌握的受贿犯罪事实，对定案的证据收集有重要作用，属于一般应当从轻处罚的情形。2021年8月，人民法院一审判决靳某犯受贿罪、玩忽职守罪，数罪并罚，决定执行有期徒刑16年，并处罚金60万元，剥夺政治权利2年。

相关法规

《中国共产党纪律检查机关监督执纪工作规则》第七十一条

《公安机关办理行政案件程序规定》第九条

条例原文

第三十条　党组织在纪律审查中发现党员有刑法规定的行为，虽不构成犯罪但须追究党纪责任的，或者有其他破坏社会主义市场经济秩序、违反治安管理等违法行为，损害党、国家和人民利益的，应当视具体情节给予警告直至开除党籍处分。

违反国家财经纪律，在公共资金收支、税务管理、国有资产管理、政府采购管理、金融管理、财务会计管理等财经活动中有违法行为的，依照前款规定处理。

党员有嫖娼或者吸食、注射毒品等丧失党员条件，严重败坏党的形象行为的，应当给予开除党籍处分。

学习导读

本条对党组织在纪律审查中发现党员违法如何追究党纪责任的情形作出规定。新增对破坏社会主义市场经济秩序、违反治安管理等违法行为的处分。新增党员违反国家财经纪律的情形，视具体情节给予纪律处分，为社会主义市场经济运行清障护航。新增对党员有涉黄涉毒等违法行为的处分，因为该行为严重失德失范，严重败坏党的形象，影响十分恶劣，必须进行严肃惩戒。

延伸阅读

国家财经纪律

国家财经纪律是指党和国家制定的各种财经政策、法令、制度、规定、条例等总称，是党员以及其他任何工作人员在各种财经活动中必须共同遵守的行为准则。党和国家机关、国有企业、事业单位、人民团体依照有关法律法规和规定程序，提供真实的财务收支状况和其他相关情况，本着“取之有据、用之有道、合理合法”原则获得国家财政拨款。如果以虚构事实或歪曲事实的手段，非法骗取不应当得到的财政资金，不仅侵犯了国家对财政资金的所有权，而且违反了国家财经管理制度，破坏了国家经济秩序。

以案说纪

2014年1月至2017年9月，云南省红河州红河县某乡原党委书记罗某某、原乡长耿某某与相关班子成员相互勾结形成利益团伙，安排相关人员以“暂借款”、虚列和虚增支出套取项目资金和工作经费，设立、管理、使用“小金库”，共计2262.21万元。其中，用于购买高档香烟、土特产、加油卡等支出145.32万元；违规发放津补贴3万元；罗某某、耿某某分别侵吞66.74万元、65.3万元。此外，罗、耿二人还存在其他严重违纪违法问题。2019年5月，罗某某受到开除党籍、开除公职处分，2019年12月被判处有期徒刑3年6个月；2019年6月，耿某某受到开除党籍、开除公职处分，2019年11月被判处有期徒刑6年6个月。其余人员分别受到留党察看、撤销党内职务、党内严重警告和政务撤职、政务警告处分。

相关法规

《财政违法行为处罚处分条例》第六条

《中华人民共和国会计法》第十六条

条例原文

第四十二条　计算经济损失应当计算立案时已经实际造成的全部财产损失，包括为挽回违纪行为所造成损失而支付的各种开支、费用。立案后至处理前持续发生的经济损失，应当一并计算在内。

学习导读

本条是对立案时已经实际造成的全部财产损失和立案后至处理前持续发生的经济损失作出的计算规定。该条借鉴国家监委关于办理国有企业管理人员渎职犯罪案件适用法律若干问题的相关意见和《最高人民法院、最高人民检察院关于办理渎职刑事案件适用法律若干问题的解释（一）》等关于经济损失计算的规定，对2018年《条例》中的经济损失计算规定作了修改完善，体现了对全过程经济损失计算的总体要求。

以案说纪

王某某任新疆维吾尔自治区福海县某乡国土资源所所长期间，利用参与土地征迁工作之便利，多次滥用职权，共造成国家经济损失138.67万元。其中挽回经济损失103.58万元，未挽回35.09万元。2009年10月25日至2010年6月10日，王某某在未实地测量，单凭郭某某提供的本人47亩和其妻146.8亩两份《土地承包合同》的情况下，违规让工作人员为其填写两份《土地调查表》，最终郭某某虚报无证土地117.52亩，贪污国家土地补偿款共108.64万元。郭某某在被

延伸阅读

渎职犯罪中的经济损失认定

根据《最高人民法院、最高人民检察院关于办理渎职刑事案件适用法律若干问题的解释（一）》的规定，经济损失是指渎职犯罪或者与渎职犯罪相关联的犯罪立案时已经实际造成的财产损失，包括为挽回渎职犯罪所造成损失而支付的各种开支、费用等。立案后至提起公诉前持续发生的经济损失，应一并计入渎职犯罪造成的经济损失。债务人经法定程序宣告破产，债务人潜逃、去向不明，或者因行为人的责任超过诉讼时效等，致使债权已经无法实现的，无法实现的债权部分应当认定为渎职犯罪的经济损失。渎职犯罪或者与渎职犯罪相关联的犯罪立案后，犯罪分子及其亲友自行挽回的经济损失，司法机关或者犯罪分子所在单位及其上级主管部门挽回的经济损失，或者因客观原因减少的经济损失，不予扣减，但可以作为酌定从轻处罚的情节。

调查后上交 97.08 万元，人民检察院追缴 6 万元，余 5.56 万元未追回。2014 年 5 月，人民法院判决王某某犯受贿罪、滥用职权罪，两罪并罚，决定执行有期徒刑 5 年 6 个月。

相关法规

《最高人民法院、最高人民检察院关于办理渎职刑事案件适用法律若干问题的解释（一）》第八条

《中华人民共和国刑法》第三百八十五条

条例原文

第四十三条　对于违纪行为所获得的经济利益，应当收缴或者责令退赔。对于主动上交的违纪所得和经济损失赔偿，应当予以接收，并按照规定收缴或者返还有关单位、个人。

对于违纪行为所获得的职务、职级、职称、学历、学位、奖励、资格等其他利益，应当由承办案件的纪检机关或者由其上级纪检机关建议有关组织、部门、单位按照规定予以纠正。

对于依照本条例第三十七条、第三十八条规定处理的党员，经调查确属其实施违纪行为获得的利益，依照本条规定处理。

学习导读

本条是对党员干部违纪所获得的经济利益和其他利益的处理规定。对违纪行为所获得的经济利益，新增对主动上交违纪所得和经济损失赔偿的处理方式；对违纪行为所获得的其他利益，新增职级条目。任何党员干部都不允许徇私舞弊、假公济私，为本人及其他人谋取不正当利益，更不允许弄虚作假，骗取职务、职级等其他利益。

延伸阅读

违纪行为所获得经济利益的处置方式

在处置违纪行为所获得的经济利益时，根据涉案财物处置的精神要旨，在追究党纪责任时，处置涉案财物的主要方式为收缴和责令退赔；在追究监察责任时，处置涉案财物的主要方式为没收、收缴和责令退赔。其中，追究党纪责任时对违纪所得予以收缴，相当于追究监察责任时对违法所得予以没收和追缴，通常针对的是实施违纪违法行为所获得的财物及其孳息收益。没收，是指将违纪违法所得财物强制收归国有，没收的财物一律上缴国库。追缴，是指将违纪违法所得财物予以追回，追缴的财物退回原有人或原持有人，依法不应退回的则上缴国库。责令退赔，通常针对的是违反规定挥霍浪费国有资产，责令将违纪违法所得予以归还，财物已被消耗、损毁的，应用与之价值相当的财物予以赔偿，责令退赔的财物直接退赔原所有人或原持有人，无法退赔的上缴国库。

以案说纪

2004 年至 2010 年 4 月，黄某某在担任浙江省金华市消防支队某县消防大队大队长、防火监督处处长期间，多次利用职务上的便利，先后索取、非法收受他人财物共计 85 万余元。其中 2007 年 9 月，黄某某以他人名义收购某消防检测有限公司 20% 的股权，并登记在他人名下。2009 年 1 月至 2010 年 3

月，其先后获得分红款共计40多万元。2011年6月，人民法院认定，黄某某非法收受他人贿赂并为他人谋取利益，其行为已构成受贿罪，且具有索贿情节，应依法予以严惩；其收受消防检测有限公司的干股所得分红利属受贿孳息，应依法追缴。同时，鉴于其归案后能如实交代司法机关尚未掌握的部分犯罪事实，并有检举他人犯罪的立功表现等具体情况，可依法从轻处罚，判处有期徒刑13年6个月，扣押在案的赃款、赃物，由扣押机关上缴国库；不足部分，继续予以追缴。

相关法规

《中华人民共和国公职人员政务处分法》第二十五条

《行政机关公务员处分条例》第五十三条

条例原文

第四十六条　党员因违犯党纪受到处分，影响期满后，党组织无需取消对其的处分。

学习导读

本条重申了中共中央纪委、中共中央组织部1989年7月31日发布的《关于重申共产党员受到正确的党纪处分改正错误后不履行取消处分手续的通知》的内容，重在对违纪党员改正错误后的警醒和教育。党员违反党纪，党组织根据违纪情节给予恰当的处分，是客观存在的历史事实，并不会因为“取消了”就不再存在。同时，党组织要正确对待犯错误受处分的党员，对于在实践中证明意识到并改正了错误的党员，应根据其政治思想素质和实际工作能力恰当地使用。

延伸阅读

让“有错干部”变“有为干部”

干部是党的宝贵财富。严管和厚爱结合、激励和约束并重，是党管干部的重要原则和一贯方针。习近平总书记指出，我们国家培养一个领导干部比培养一个飞行员的花费要多得多。对待违纪的干部，我们既要看失职失责的事实和后果，又要看认错态度和工作表现，只要没有到不可挽救的地步，组织应当给予改正的机会。通过谈心谈话、精准帮教、定期回访等思想政治工作方式，加强教育关怀、释纪明规、答疑解惑，鼓励履职尽责，帮助其打开心结、放下包袱、提振精神，积极将压力转化为动力，实现“治病救人”。在严格执行《党政领导干部考核工作条例》《干部选拔任用工作监督检查和责任追究办法》等有关规定的基础上，积极为改过自新的干部重新提拔使用创造条件，形成“改了就是好同志”的良好氛围，让“有错干部”变“有为干部”。

以案说纪

2018年7月，时任海南省白沙黎族自治县元门乡党委委员、副乡长黄良斌因违反工作纪律，未认真履行工作职责，对扶贫产业监管不力，导致扶贫资金亏损，对脱贫攻坚工作产生不良影响，被县纪委给予党内警告处分。受处分后，黄良斌积极改正错误，扎实履职尽责，认真抓好农保、医保、财政、民政、扶贫产业、新冠疫情防控等各项工作。2019年5月平级转任细水乡党委委员、副乡长后，大力开展政策宣传，让广大群众自愿参保，截至2021年10月，细水乡现有新农保参保人员共7156人，符合待遇领取1153人，待遇发放率100%；抓好产业扶贫工作，严格审核产业扶贫资金投放，落实落细种苗、复合肥发放等，助力全乡乡村振兴产业发展，截至2021年10月，该乡6个合作社实现产业分红，分红涉551户，分红金额共计66.75万元。鉴于其现实表现，2021年1月被晋升为细水乡三级主任科员，2021年10月被提名为乡镇人大主席候选人。

相关法规

《中国共产党问责条例》第二十二条

《关于进一步激励广大干部新时代新担当新作为的意见》

第三章

严明政治纪律，
维护党的团结统一

党的纪律是多方面的，政治纪律是最重要、最根本、最关键的纪律，是打头的、管总的纪律。严明党的纪律，首要的就是严明政治纪律。要进一步严明政治纪律和政治规矩，以严明政治纪律带动各项纪律全面从严，释放越往后执纪越严的强烈信号。

一 为什么必须严明政治纪律

政治纪律是各级党组织和全体党员在政治方向、政治立场、政治言论、政治行为方面必须遵守的规矩，是我们党在长期实践中形成的政治规则、组织约束、优良传统和工作习惯的总和，是维护党的团结统一的根本保证，其本质要求是坚持党的全面领导和党中央集中统一领导，坚决做到“两个维护”。

延伸阅读

中央文件首次提出政治纪律概念

1927 年，党的五大首次以中央文件形式提出“政治纪律”概念，并强调政治纪律的重要性，指出：“党内纪律非常重要，但宜重视政治纪律，不应将党的纪律在日常生活中机械的应用。”同年 11 月，中央临时政治局扩大会议通过《政治纪律决议案》，开篇就鲜明指出：“只有最严密的政治纪律，才能够增厚无产阶级政党的斗争力量，这是每一个共产党所必具的最低条件。”这是党的历史上第一个关于政治纪律的专门决议案。

严明政治纪律是遵守党的全部纪律的重要基础。在党的全部纪律中，政治纪律是管方向、管立场、管根本的纪律，在党的纪律体系中处于核心地位，是维护党的团结统一的根本保证，这是党的纪律建设百年来历史逻辑、理论逻辑和实践逻辑等多重因素共同作用的结果。政治纪律是否完善，是否得到严格遵守，会影响到党的先进性和纯洁性，影响到党性、党风、党纪，甚至影响到党和国家是否会变质、变色、变味，“谁都不能拿政治纪律和政治规矩当儿戏”。

严明政治纪律是推进党的政治建设的本质要求。旗帜鲜明讲政治是我们党作为马克思主义政党的根本要求。党的政治建设是党的根本性建设，决定党的建设方向和效果，事关统揽推进伟大斗争、伟大工程、伟大事业、伟大梦想。一段时期以来，党的领导弱化、党的建设缺失、从严治党不力等问题较为突出，其重要原因之一就在于党内政治建设没有得到应有重视，政治纪律没有得到有效执行。党的十八大以来，以习近平同志为核心的党中央，把政治建设纳入新时代党的建设总体布局，提出以党的政治建设为统领、把党的政治建设放在首位的重大判断，严明政治纪律和政治规矩，制定或修订了一系列重要党内法规，明确党员干部要坚决杜绝“七个有之”，做到“五个必须”，以铁的纪律维护党中央权威和集中统一领导。

政治纪律不严将会给党的事业造成损害。毛泽东指出，路线是“王道”，纪律是“霸道”，两者都不可缺少。如果党

延伸阅读

“七个有之”

2014年10月23日，习近平总书记在党的十八届四中全会第二次全体会议上讲到党员、干部特别是领导干部要严守政治纪律和政治规矩时，强调要防止“七个有之”，指出：“一些人无视党的政治纪律和政治规矩，为了自己的所谓仕途，为了自己的所谓影响力，搞任人唯亲、排斥异己的有之，搞团团伙伙、拉帮结派的有之，搞匿名诬告、制造谣言的有之，搞收买人心、拉动选票的有之，搞封官许愿、弹冠相庆的有之，搞自行其是、阳奉阴违的有之，搞尾大不掉、妄议中央的也有之，如此等等。”

“五个必须”

2015年1月13日，习近平总书记在十八届中央纪委五次全会上对党员干部提出了“五个必须”的要求：一是必须维护党中央权威，在任何时候任何情况下都必须在思想上政治上行动上同党中央保持高度一致；二是必须维护党的团结，坚持五湖四海，团结一切忠实于党的同志；三是必须遵循组织程序，重大问题该请示的请示，该汇报的汇报，不允许超越权限办事；四是必须服从组织决定，决不允许搞非组织活动，不得违背组织决定；五是必须管好亲属和身边工作人员，不得默许他们利用特殊身份谋取非法利益。

的政治纪律成了摆设，就会形成“破窗效应”，使党的章程、原则、制度、部署丧失严肃性和权威性，党就会沦为各取所需、自行其是的“私人俱乐部”。大量事实表明，在政治纪律方面放松警惕、降低要求是危险的。当前，在遵守和维护政治纪律方面，绝大多数党组织和党员干部做得是好的。但是，也有少数党员干部政治纪律意识不强，在原则问题和大是大非面前立场摇摆；有的对涉及党的理论和路线方针政策等重大政治问题公开发表反对意见；有的地方和部门对维护党的政治纪律重视不够，个别的甚至对中央方针政策和重大决策部署阳奉阴违；有的党员干部想说什么说什么，想干什么干什么；有的还专门挑那些党已经明确规定的政治原则来说事，口无遮拦，毫无顾忌，以显示自己所谓的“能耐”，受到敌对势力追捧，对此他们不以为耻、反以为荣。这些问题在党内和社会上造成恶劣影响，给党的事业造成严重损害。

二 如何严明政治纪律

严明政治纪律，不能头痛医头，脚痛医脚。应坚持系统思维，秉持大局观念，应站在中华民族伟大复兴战略全局和世界百年未有之大变局同步交织、相互激荡的视角下，始终把解决大党独有难题、营造党内健康政治生态作为问题导向，带动各项纪律全面从严。

严明政治纪律，要从遵守和维护党章入手。党章是我们党的总章程、总规矩，是党内的根本大法。党章单列“党的纪律”一章，明确规定了党的纪律的含义类型，以及纪律处分的原则、方式、程序等。严明政治纪律，首先就要牢固树立党章意识，自觉用党章规范自己的一言一行，在任何情况下都要做到政治信仰不变、政治立场不移、政治方向不偏。党员干部不论担任何种职务、从事何种工作，首先要明白自己是一名在党旗下宣过誓的共产党员，要用党章规定严格约束自己，树立党章权威。

严明政治纪律，最核心的就是坚持党的领导。中国共产党领导是中国特色社会主义最本质的特征，是中国特色社会主义制度的最大优势。党是最高政治领导力量，坚持党中央集中统一领导是最高政治原则。严明政治纪律，必须做到政治过硬，在思想政治上讲政治立场、政治方向、政治原则、政治道路，在行动实践上讲维护党中央权威、执行党的政治路线、严格遵守党的政治纪律和政治规矩。

严明政治纪律，各级纪检监察机关要勇于履职担当尽责。纪检监察机关是推进党的自我革命的重要力量，肩负特殊政治责任和光荣使命任务，必须始终做到绝对忠诚、绝对可靠、绝对纯洁，任何时候任何情况下都要同党中央同心同德，把增强“四个意识”、坚定“四个自信”、做到“两个维护”转化成听党指挥、为党尽责的实际行动。新时代各级纪检监察机关要坚持原则、勇于亮剑，敢斗善斗、担当尽责，坚定不移正风肃纪反腐，推动全面从严治党向纵深发展；要坚决防治“灯下黑”，努力做自我革命的表率、遵规守纪的标杆，打造一支让党中央放心、让人民群众满意的纪检监察铁军。

严明政治纪律，必须严肃党内政治生活。党内政治生活是党组织教育管理党员和党员进行党性锻炼的主要平台，是解决党内自身问题的重要途径。严明政治纪律，就要全面执

延伸阅读

《关于新形势下党内政治生活的若干准则》

党要管党必须从党内政治生活管起，从严治党必须从党内政治生活严起。2016 年，党的十八届六中全会通过了《关于新形势下党内政治生活的若干准则》（以下简称《准则》）。《准则》分三大板块，包括“坚定理想信念、坚持党的基本路线、坚决维护党中央权威、严明党的政治纪律、保持党同人民群众的血肉联系、坚持民主集中制原则、发扬党内民主和保障党员权利、坚持正确选人用人导向、严格党的组织生活制度、开展批评和自我批评、加强对权力运行的制约和监督、保持清正廉洁的政治本色”12 个部分。这对于新时代深化全面从严治党、严明政治纪律、解决大党独有难题以及推进强国建设和民族复兴伟业，均有重要作用。

行党内政治生活准则，紧紧围绕坚持党的政治路线、思想路线、组织路线、群众路线，坚持和完善民主集中制、严格党的组织生活等重点内容，集中解决好党内政治生活中的突出问题，确保党中央政令畅通，确保局部服从全局，确保各项工作坚持正确政治方向；要固本培元，引导党员特别是领导干部筑牢信仰之基、补足精神之钙、把稳思想之舵，坚定中国特色社会主义道路自信、理论自信、制度自信、文化自信。

三 第六章“对违反政治纪律行为的处分”导读

违反政治纪律行为是指党组织或党员在政治立场、政治方向、政治原则、政治道路上的相关违规行为，主要包括在重大原则问题上不同党中央保持一致、不执行党中央决策部署、履行管党治党政治责任失职、违反政治规矩等行为。《条例》第六章“对违反政治纪律行为的处分”共28条，增写2条，修改12条，规定了各种违反政治纪律行为的具体表现和处分类型，完善了保障党中央政令畅通的纪律条款，充实了党员领导干部政绩观错位、违背新发展理念、背离高质量发展要求的处分规定，增加了对党不忠诚不老实、搞政治攀附、结交政治骗子等行为的处分条款等。

条例原文

第四十九条　在重大原则问题上不同党中央保持一致且有实际言论、行为或者造成不良后果的，给予警告或者严重警告处分；情节较重的，给予撤销党内职务或者留党察看处分；情节严重的，给予开除党籍处分。

学习导读

本条是对违反党中央权威和集中统一领导具体行为的纪律处分规定，旨在通过设定严格的处分规定，促进和保障全党牢固树立政治意识、大局意识、核心意识、看齐意识，坚决维护习近平总书记党中央的核心、全党的核心地位，坚决维护党中央权威和集中统一领导，自觉在思想上政治上行动上同党中央保持高度一致。

以案说纪

“党和国家的各项法律和规章制度在制定出来的那天就已经过时了。”这是内蒙古呼伦贝尔市原市委书记李世镕“落马”前经常挂在嘴边的一句话。2017 年 10 月，在内蒙古自治区纪委对李世镕的处分通报中，用“故意作出与党和国家方针政策以及决策部署相违背的决定”这样的表述对其严重违

延伸阅读

在重大原则问题上同党中央保持一致

遵守党的政治纪律，最核心的，就是坚持党的领导，坚持党的基本理论、基本路线、基本纲领、基本经验、基本要求，同党中央保持高度一致，自觉维护党中央权威。在指导思想和路线方针政策以及关系全局的重大原则问题上，全党必须在思想上政治上行动上同党中央保持高度一致。

反党的政治纪律和政治规矩的行为进行了概括。李世镕的种种行为严重违反了党的纪律尤其是政治纪律，2017 年 10 月，李世镕被开除党籍和公职。2018 年 3 月，李世镕被提起公诉。2019 年 8 月，索贿受贿上亿元、贪污近百万元、挪用公款 1.5 亿元的李世镕一审被判处无期徒刑。

相关法规

《中国共产党章程》总纲

《关于新形势下党内政治生活的若干准则》

《中国共产党党内监督条例》

条例原文

第五十一条　通过网络、广播、电视、报刊、传单、书籍等，或者利用讲座、论坛、报告会、座谈会等方式，有下列行为之一，情节较轻的，给予警告或者严重警告处分；情节较重的，给予撤销党内职务或者留党察看处分；情节严重的，给予开除党籍处分：

（一）公开发表违背四项基本原则，违背、歪曲党的改革开放决策，或者其他有严重政治问题的文章、演说、宣言、声明等；

（二）妄议党中央大政方针，破坏党的集中统一；

（三）丑化党和国家形象，或者诋毁、诬蔑党和国家领导人、英雄模范，或者歪曲党的历史、中华人民共和国历史、人民军队历史。

发布、播出、刊登、出版前款所列内容或者为上述行为提供方便条件的，对直接责任者和领导责任者，给予严重警告或者撤销党内职务处分；情节严重的，给予留党察看或者开除党籍处分。

学习导读

本条具体规定了利用各种途径公开发表违背党的原则、否定党的成就、妄议党的方针、丑化党和国家形象、抹黑党和国家领导人、歪曲党史国史军史等行为的处分类型。规定本条的目的在于推动各级党组织和党员以习近平新时代中国特色社会主义思想为指导，认真学习党史、新中国史、改革开放史、社会主义发展史和党的基本理论、基本路线、基本方略等，坚定道路自信、理论自信、制度自信、文化自信，坚定历史自信，树立正确党史观和大历史观，增强政治敏锐性和政治辨别力，敢于同历史虚无主义等各种错误思潮坚决斗争。

延伸阅读

历史虚无主义

历史虚无主义背离历史研究应该坚持的唯物辩证法原则，将历史事件、历史人物和历史规律孤立化和碎片化，选择性和主观性地“还原”、“重评”或“反思”，从而陷入唯心史观的泥潭。首先表现为孤立化，即撇开具体社会历史条件追求所谓“真相”。其次表现为碎片化，即仅抓住历史片段而忽视历史发展的整体过程。再次表现为选择性，即肯定支流而否定主流。最后表现为主观性，即在抹黑领袖人物和英雄事迹的同时为反面人物翻案。习近平总书记曾明确指出：“历史虚无主义的要害，是从根本上否定马克思主义指导地位和中国走向社会主义的历史必然性，否定中国共产党的领导。”对当今中国来说，历史虚无主义不是一种学术思潮，本质上是一种政治思潮。其目的从来不是学术研究，而是打着学术研究的旗号从根本上否定马克思主义指导地位、中国共产党的领导和中国走向社会主义的历史必然性，从而达到颠覆共产党的领导和社会主义制度的目的。历史虚无主义总是根据现实状况不断产生新的变化，但其背后的政治意图并没有改变。

以案说纪

原国土资源部某中心党委副书记、主任张某某（已退休），2015年至2018年间，在微信同学群中发布、转发多篇文章、帖子，其中还有境外在封网站的文章，内容多为妄议党中央大政方针、丑化党和国家形象、诋毁污蔑党和国家领导人、歪曲党史军史等。其言行严重违反党的政治纪律，被中央纪委国家监委驻自然资源部纪检监察组立案审查并按程序处理。

相关法规

《中国共产党章程》总纲

《关于新形势下党内政治生活的若干准则》

条例原文

第五十二条　制作、贩卖、传播第五十条、第五十一条所列内容之一的报刊、书籍、音像制品、电子读物，以及网络文本、图片、音频、视频资料等，情节较轻的，给予警告或者严重警告处分；情节较重的，给予撤销党内职务或者留党察看处分；情节严重的，给予开除党籍处分。

私自携带、寄递第五十条、第五十一条所列内容之一的报刊、书籍、音像制品、电子读物等入出境，情节较重的，给予警告或者严重警告处分；情节严重的，给予撤销党内职务、留党察看或者开除党籍处分。

私自阅看、浏览、收听第五十条、第五十一条所列内容之一的报刊、书籍、音像制品、电子读物，以及网络文本、图片、音频、视频资料等，情节严重的，给予警告、严重警告或者撤销党内职务处分。

学习导读

本条是对第五十一条规定的违纪行为的进一步延伸，新增了“私自阅看、浏览、收听第五十条、第五十一条所列内容之一的报刊、书籍、音像制品、电子读物，以及网络文本、图片、音频、视频资料等，情节严重的，给予警告、严重警告或者撤销党内职务处分”的内容，以更具有针对性的纪律条款明确了私自制作、贩卖、传播、携带、阅览违背党的原则、否定党的成就、妄议党的方针、丑化党和国家形象、抹黑党和国家领导人等行为的违纪处理，使全党形成对这些问题的高度重视，自觉在思想上政治上行动上同党中央保持高度一致，促进全党进一步规范政治言行，坚定理想信念，永葆政治本色。

以案说纪

近年来，私藏、阅看有严重政治问题的非法出版物被通报的党员领导干部不在少数。例如2023年6月25日，北京市人民政府国有资产监督管理委员会原主任张某某（正局级）被“双开”。经查，张某某政治意识薄弱，私藏、阅览有严重政治问题的书刊。2023年11月16日，国家开发银行原党委委员、副行长周某某被开除党籍。周某某被指私藏、阅看有严重政治问题的书刊。2024年1月4日，山西省纪委监委通报，阳泉市人民政府原党组成员、副市长韩某某存在私藏、阅看有严重政治问题的书刊的情况。2024年1月6日，中国光大集团股份公司原党委书记、董事长唐某某被通报“私自携带有严重政治问题的书刊入境并阅看”。

相关法规

《中国共产党章程》总纲

《关于新形势下党内政治生活的若干准则》

条例原文

第五十四条　在党内搞团团伙伙、结党营私、拉帮结派、政治攀附、培植个人势力等非组织活动，或者通过搞利益交换、为自己营造声势等活动捞取政治资本的，给予严重警告或者撤销党内职务处分；导致本地区、本部门、本单位政治生态恶化的，给予留党察看或者开除党籍处分。

学习导读

本条通过设置相应条款，严防党内出现结党营私、拉帮结派、政治攀附等宗派行为和“圈子文化”。结党营私、拉帮结派是宗派主义的一种典型表现，是广大党员干部和人民群众深恶痛绝的行为，与党的“五湖四海”“立党为公”的光荣传统格格不入，是剥削阶级腐朽思想在党内的反映。它严重破坏党的团结，败坏党的形象，导致组织涣散，党纪国法失尊，腐败滋生蔓延，政治生态污染，党的先进性和纯洁性

延伸阅读

政治攀附

政治攀附是一些党员干部信奉“朝中有人好做官”“大树底下好乘凉”，将个人的成长进步寄托于“人身依附论”“背景靠山论”，为获取领导欢心，不惜卑躬屈膝、溜须拍马、大献殷勤，有的还因此获得不正当利益，甚至造成恶劣政治影响。习近平总书记多次强调，不能把党组织等同于领导干部个人，对党尽忠不是对领导干部个人尽忠，党内不能搞人身依附关系。实际上，政治攀附行为不讲党性、不讲原则、不讲纪律、不讲规矩，影响干事创业环境，扭曲正常的同志关系，属于严重违反党的政治规矩行为，应当受到党纪严肃处理。

丧失。对此，习近平总书记指出，党内绝不允许搞团团伙伙、结党营私、拉帮结派，搞了就是违反政治纪律。如何防微杜渐？要从规矩抓起，要有这个意识。

以案说纪

周某，中共党员，某市法院副院长。周某在任职期间，为获取提拔等政治、组织利益，热衷于搞人身依附，主动贴靠、多方讨好时任市委书记张某（另案处理），对张某阿谀奉承、卑躬屈膝，经常邀请张某吃饭，主动充当张某“随从”提供服务，多次表态对张某“尽忠”；明知张某干预、插手案件违规，仍毫无原则、积极主动落实张某关于相关案件的办理要求。周某还连续多年携礼品前往数千里外的张某老家为张母拜寿，以“干儿子”自居。后张某将周某提任为正处级领导职务。因为周某经常宣传张某政绩，炫耀其与张某的私交，以书记“管家”自居，群众戏称周某为“周总管”；一些干部看到周某毫无业绩仍获提拔，或消沉“躺平”，或效仿“取经”，对当地政治生态造成恶劣影响。

相关法规

《中国共产党章程》总纲

《关于新形势下党内政治生活的若干准则》

条例原文

第五十五条　搞投机钻营，结交政治骗子或者被政治骗子利用的，给予严重警告或者撤销党内职务处分；情节严重的，给予留党察看或者开除党籍处分。

充当政治骗子的，给予撤销党内职务、留党察看或者开除党籍处分。

学习导读

本条为新增条款，是专门对搞投机钻营、结交政治骗子或者被政治骗子利用的行为进行的纪律处分规定，反映的是近年来正风肃纪过程中的新情况新问题。政治骗子行骗的套路通常是虚构特殊身份背景，散布所谓“内幕消息”，把自己包装成“有来头”的神秘人物，故弄玄虚骗取信任，进而骗钱、骗物，甚至插手人事安排、工程项目等。党员干部结交政治骗子、充当政治骗子，主观目的一般是在政治上搞投机钻营或谋取不正当利益，有的希望搭“天线”跑官要官，有的希望找关系“消灾解难”，有的希望插手人事安排、工程项目等，或有其他不良目的，如打探“内部消息”、捞取政治资本等。认定党员干部结交政治骗子或者被政治骗子利用等搞投机钻营行为，均要求党员干部具有谋取不正当政治利益的动机，主观上明知其结交的对象是政治骗子，或者根据结交对象的行为表现应当知道其是政治骗子。

延伸阅读

政治骗子

政治骗子一般指通过虚构冒充领导干部及其亲属、朋友、身边工作人员，或用有特殊背景的专家教授、学者智囊、大师等方式设计身份伪装，或通过伪造领导干部图文影音资料、虚构与领导干部交往经历、传播政治谣言、制造内部信息、假意“牵线搭桥”等方式设计行为包装，以“提拔重用”“摆案抹案”等政治利益为诱惑骗取他人信任，谋求攫取经济利益、社会地位等不正当利益的人员。

以案说纪

2023年4月初，陕西省纪委监委官网发文披露了陕西省某中心原党委书记褚某某结交“政治骗子”被骗500多万元的违纪行为。2018年4月，褚某某升任市委书记。当年7月，一企业老板向褚某某引荐一人。此人向褚某某谎称，自己在中央某机关工作，并认识“大领导”，可以为其在职务晋升上提供帮助。一时间，褚某某与此人竟以兄弟相称。2018年8月，此人提出要500万元作为“活动费”，褚某某便安排一家市属国有企业董事长挪用公款450万元转给对方。1个多月后，此人再次提出需要100万元。褚某某便向一名私人老板索要100万元。为了表达诚意，褚某某不仅给此人的女儿安排工作，还违规授意组织部门将引荐人、出资人发展为中共预备党员。后经查，两人的入党申请书日期、职务等均为伪造。褚某某并未等来对方承诺的“职务晋升”，反而，他得知，2020年8月此人被北京警方抓获。2021年8月，此人因犯诈骗罪被判处有期徒刑13年。回顾往事，在忏悔书中，褚某某写道：“我跑官被骗的事情败露之后，整日惶惶不安，知道自己已是釜底游鱼，事业即将终结。我时常在梦中惊醒，在黑暗中哭泣，血压飙升，整个人失了形，就像掉入了井中的困兽无力挣扎”，“出现这些问题的根本原因是我忘记了共产党人的初心使命，是我把公权力变成为自己谋名利、为个人谋升迁的工具。特别是升任市委书记后，本身已处巅峰，还想跃起摘星，结果跌个乌青。初心变质，理想变味，难免坠入深渊”。

相关法规

《中国共产党章程》总纲

条例原文

第五十六条　党员领导干部在本人主政的地方或者分管的部门自行其是，搞山头主义，拒不执行党中央确定的大政方针，甚至背着党中央另搞一套的，给予撤销党内职务、留党察看或者开除党籍处分。

贯彻党中央决策部署只表态不落实，或者落实党中央决策部署不坚决，打折扣、搞变通，在政治上造成不良影响或者严重后果的，给予警告或者严重警告处分；情节严重的，给予撤销党内职务、留党察看或者开除党籍处分。

不顾党和国家大局，搞部门或者地方保护主义的，依照前款规定处理。

学习导读

本条明确了对搞山头主义、不贯彻党中央决策部署、不顾大局搞地方保护主义等行为的处理规定，这些问题会严重影响党的决策部署、方针政策的执行力和号召力，破坏组织体系的政令畅通和团结统一。特别是《条例》将“贯彻党中央决策部署只表态不落实”的条款从原来“对违反工作纪律行为的处分”一章，调整到“对违反政治纪律行为的处分”一章中，更加凸显了“贯彻党中央决策部署只表态不落实”的政治危害，进一步体现了监督执纪工作中对此类行为必须严肃查处的鲜明导向。

以案说纪

2019 年 3 月，某区“大棚房”问题专项清理整治行动完成整改。2019 年 7 月，农业农村部、自然资源部联合制发《关于建立常态长效监管机制防止“大棚房”问题反弹的通知》，

延伸阅读

山头主义

山头主义是当下不良政治生态的突出表现。山头主义是一种典型的宗派主义，突出表现为搞团团伙伙、拉帮结派。“圈子文化”是山头主义的滋生土壤。拉帮结派是山头主义的外在形式。利益输送是山头主义的本质特点。坏党乱政是山头主义的最大危害。毛泽东多次告诫各级党员干部：“我们要搞五湖四海，不要搞山头主义。”习近平总书记指出：“党内决不能搞封建依附那一套，决不能搞小山头、小圈子、小团伙那一套，决不能搞门客、门宦、门附那一套，搞这种东西总有一天会出事！”在一些地方和单位，山头主义涣散组织、滋生腐败，甚至造成“窝案”“串案”“塌方式腐败”，严重破坏了政治生态，必须坚决遏制，彻底铲除。

要求严格落实属地监管责任，建立日常巡查监管机制，严防“大棚房”问题反弹。但该区区委、区政府贯彻落实通知要求不到位，对“大棚房”后续管理工作重视不够、部署不实不细，跟进督促检查、推进落实不到位。当地“大棚房”问题整治后死灰复燃，有44栋陆续出现反弹，严重影响“大棚房”整治成效，致使党中央关于整治“大棚房”问题的决策部署在当地未落实落地，造成不良社会影响。该区区委、区政府被责令分别向上级党委、政府作出检查；区委书记王某、区长付某分别受到党内警告处分；区委常委、常务副区长刘某，区农业农村局党组书记、局长赵某，镇党委委员、副镇长李某等3人分别受到撤销党内职务、政务撤职处分；区自然资源局自然资源管理五所所长梁某受到党内严重警告处分；其他责任人员受到相应处理，相关“大棚房”非农设施全部整改到位。

相关法规

《中国共产党章程》总纲

《关于新形势下党内政治生活的若干准则》

条例原文

第五十七条　党员领导干部政绩观错位，违背新发展理念、背离高质量发展要求，给党、国家和人民利益造成较大损失的，给予警告或者严重警告处分；情节较重的，给予撤销党内职务或者留党察看处分；情节严重的，给予开除党籍处分。

搞劳民伤财的“形象工程”、“政绩工程”的，从重或者加重处分。

学习导读

本条是新增条款，是关于党员领导干部政绩观错位，违背新发展理念、背离高质量发展要求的行为及其适用的处分种类和幅度的规定。本条分两款。第一款规定的违背新发展理念、背离高质量发展要求的行为，如急功近利、好大喜功，唯利是图、不顾大局，作风漂浮、虚假浮夸，不思进取、“佛系”、“躺平”等；客观表现多样，如违背规律、盲目决策，过度举债、乱铺摊子，重“显绩”轻“潜绩”、重短期轻长远，热衷“搞形式”、浪费资源搞“花架子”，频繁“换赛道”、政策“翻烧饼”，搞“数字政绩”“虚假政绩”等。

第二款规定的是扭曲政绩观的典型表现“形象工程”“政绩工程”。搞“形象工程”“政绩工程”是指为了树立个人政治形象，不考虑客观实际，打造华而不实、劳民伤财的项目工程。搞“形象工程”，往往不顾群众需要和当地实际，超越当地发展

延伸阅读

新发展理念

党的十八大以来，以习近平同志为核心的党中央提出创新、协调、绿色、开放、共享的新发展理念。党的十九大报告提出“坚持新发展理念”，并将其纳入新时代坚持和发展中国特色社会主义基本方略。党的二十大报告强调“贯彻新发展理念，着力推动高质量发展”，并将该内容写入党章。

阶段，严重浪费资源，群众普遍不认可。搞“政绩工程”，往往急功近利、贪图虚名，“为民干事”想得少、“为己做官”谋得多。相较第一款，搞“形象工程”“政绩工程”造成的损失更大，在人民群众中造成的影响更恶劣，应当从重或者加重处分。

以案说纪

李某某，贵州省政协原党组成员、副主席，曾任六盘水市委书记等职务，2023年3月被立案审查调查。经查，李某某严重背离党中央重大决策部署、不贯彻落实新发展理念的一些盲目决策，给国家和人民造成了巨大损失。2013年到2017年，李某某担任六盘水市委书记期间，推动兴建了23个旅游项目，其中有16个项目已被贵州省列入低效闲置项目。而李某某当初为了建设这些项目，不顾当地财政实际承载能力盲目举债，仅债务利息一项就给国家造成了9亿余元的重大损失。他主政六盘水的3年多里，当地新增债务达1500亿元，从2013年到2017年债务增长率超300%，给当地留下了极其沉重的包袱。

相关法规

《中国共产党章程》总纲

《关于新形势下党内政治生活的若干准则》

条例原文

第五十八条　对党不忠诚不老实，表里不一，阳奉阴违，欺上瞒下，搞两面派，做两面人，在政治上造成不良影响的，给予警告或者严重警告处分；情节较重的，给予撤销党内职务或者留党察看处分；情节严重的，给予开除党籍处分。

学习导读

本条是针对对党不忠诚、欺上瞒下、做“两面人”等违反政治纪律行为的处分规定。其中把原有“情节较轻的”改

延伸阅读

“两面人”

习近平总书记多次强调，党员、干部在党组织面前，不能隐瞒自己，不能信口雌黄，要言行一致、表里如一。《关于新形势下党内政治生活的若干准则》明确规定，党的各级组织和全体党员必须对党忠诚老实、光明磊落，说老实话、办老实事、做老实人，反对搞两面派、做“两面人”。从党的十八大以来查处的相关案件看，一些被审查调查对象善于表演、精于伪装，甚至具有较好的口碑和形象。他们把岗位当舞台、把公众当观众，台上正气凛然、台下肆无忌惮，演绎了让人瞠目结舌的“双面人生”。

为“在政治上造成不良影响的”，这一修改对于给予警告或者严重警告处分的行为有了更明确规定。

以案说纪

民建海南省委原主委、海南省社会主义学院原院长施某某每年两会都会提交有关正风反腐的提案，给人留下了深刻印象。让人万万没想到的是，多年来，这名“反腐败提案明星”利用职务之便收受贿赂共计 246 万元，在勘察设计项目分包等方面为他人谋取利益，还多次使用公款用于维修私家车及私人住房、购买家用电器和支付其他个人开支。被立案调查后，施某某的家属退缴赃款共计 167 万元。然而大错已铸，施某某一审被判处有期徒刑 6 年 6 个月，并处罚金 60 万元。“两面人”高超的“演技”，不仅能骗过大众，有时候连亲朋好友都被蒙在鼓里。吉林省长春市中级人民法院原院长张某某便是这样的“演技派”。张某某长期自我标榜“清正廉洁”“百毒不侵”，对待亲友也“从不偏袒”，拒绝利用职权帮助靠低保和捡废品为生的大姐，更在年夜饭的饭桌上告诫亲戚们“有事不准来找我”。就是这么一名“不徇私情、不谋私利”的“清官”，却多次违规干预插手诉讼案件，大肆受贿，仅收受的年份茅台酒就价值上百万元。在预感到自己可能要被调查时，张某某通过订立“攻守同盟”、销毁涉案证据等方式疯狂对抗组织审查，甚至让妻子带着他的“生辰八字”求神问卦，寻求“神灵”庇佑。在得知自己被组织调查后，更是“演技大爆发”，当场摔碎玉镯，大喊“这些年恪守廉洁底线，怎么能查到我的头上”。演技再好，骗不过如山铁证。2018 年 6 月，张某某被开除党籍、开除公职。

相关法规

《中国共产党章程》总纲

《关于新形势下党内政治生活的若干准则》

条例原文

第六十一条　不按照有关规定向组织请示、报告重大事项，对直接责任者和领导责任者，情节较重的，给予警告或者严重警告处分；情节严重的，给予撤销党内职务或者留党察看处分。

学习导读

本条是对违反请示报告制度行为的直接责任者和领导责任者所作的处分规定，对于统一全党意志和行动，确保做到“两个维护”、加强党内监督具有重要意义。领导干部要有组织观念、程序观念，该请示的必须请示，该报告的必须报告，决不能我行我素，决不能遮遮掩掩甚至隐瞒不报。如实向党反映和报告情况是党员接受组织监督的重要方式。严格执行重大事项请示报告、领导干部个人事项报告等制度，如实向组织说明情况，使党员干部特别是领导干部把自己置身于党组织的监督之下，常持“如履薄冰”之感，常怀“自我反省”之心，时刻保持廉洁奉公，有利于党组织全面掌握党员干部思想、工作、生活情况，及时发现和纠正苗头性、倾向性问题。

延伸阅读

重大事项和请示、报告

所谓重大事项，是指超出党组织和党员、领导干部自身职权范围，或者虽在自身职权范围内但关乎全局、影响广泛的重要事情和重要情况，包括党组织贯彻执行党中央决策部署和上级党组织决定、领导经济社会发展事务、落实全面从严治党责任，党员履行义务、行使权利，领导干部行使权利、担负责任的重要事情和重要情况。所谓请示，是指下级党组织向上级党组织，党员、领导干部向党组织就重大事项请求指示或者批准；所谓报告，是指下级党组织向上级党组织，党员、领导干部向党组织呈报重要事情和重要情况。

以案说纪

某市旅游委办公室主任李某因涉嫌贩卖毒品被市公安局拘留，李某家属找到市旅游委主要领导王某，要求为李某出具担保函。王某擅自决定以单位名义为李某出具了担保函，并加盖单位公章后提供给市公安局，商请对李某取保候审，以便回单位处理公务。公安局因李某缴纳了保证金，并综合考虑其岗位特殊性后，决定对李某取保候审。王某将单位有干部涉嫌贩卖毒品被拘留，以及目前已被取保候审的情况向市委主要领导进行了汇报，但没有汇报王某个人擅自决定以单位名义为李某出具担保函的情况。在该案中，王某虽然向组织汇报了单位干部被拘留的情况，但对自己擅自决定以单位名义出具担保函一事刻意隐瞒，其出具担保函一事已经超出了职权范围，本应向组织请示报告，但其事前不请示，事后也不报告，在请示报告中打折扣、搞变通、不实事求是，避重就轻，感觉对自己不利的事项就不向组织汇报，上级组织没有通过请示报告掌握全面情况，王某的行为应定性为违反政治纪律。

相关法规

《关于新形势下党内政治生活的若干准则》

《中共中央政治局关于加强和维护党中央集中统一领导的若干规定》

《中国共产党重大事项请示报告条例》

《领导干部报告个人有关事项规定》

条例原文

第六十二条　干扰巡视巡察工作或者不落实巡视巡察整改要求，对直接责任者和领导责任者，情节较轻的，给予警告或者严重警告处分；情节较重的，给予撤销党内职务或者留党察看处分；情节严重的，给予开除党籍处分。

学习导读

本条是对干扰巡视巡察工作或者不落实巡视巡察整改要求的直接责任者和领导责任者所作的处分规定。任何部门、任何单位、任何人都不能干扰巡视巡察工作，必须严格落实巡视巡察整改要求。然而在巡视巡察工作中发现，一些被巡视巡察地区（单位）党员、干部害怕自己的违纪违法行为被发现，想方设法不配合或者干扰巡视巡察工作。为严肃处理上述问题，本条衔接《中国共产党巡视工作条例》相关规定，以严格的纪律处分作为手段，保障巡视巡察制度和要求的落实，促进发挥巡视巡察利剑作用。

以案说纪

2017 年 7 月 18 日，河南省卫辉市委第一巡察组向卫辉市某局下发巡察工作通知时，要求该局向巡察组提供会议记录、财务资料等，该局称财务资料被市检察院调走。经市委巡察

延伸阅读

巡视巡察

巡视是党章赋予的重要职责，是加强党的建设的重要举措，是从严治党、维护党纪的重要手段，是加强党内监督的重要形式。党的巡视工作包括两部分，一是中央和省级层面的巡视，二是市县级层面的巡察。巡视是由中央和省、自治区、直辖市党委对所管理的地方、部门、企事业单位党组织开展的，巡察是巡视工作向市县的延伸。不允许任何部门、任何单位、任何人以任何形式干扰巡视巡察工作、不落实巡视巡察整改要求。2024 年 2 月中共中央发布的《中国共产党巡视工作条例》列举了不配合或者干扰巡视工作的情形，包括：隐瞒不报或者故意向巡视组提供虚假情况；拒绝或者不按照要求向巡视组提供有关文件资料；指使、强令有关单位或者人员干扰、阻挠巡视工作，或者诬告、陷害他人；组织领导巡视整改不力，落实巡视整改要求不到位，敷衍应付、虚假整改；对反映问题的干部群众进行威胁、打击、报复、陷害等。

办沟通协调，市检察院通知该局取回原调取的财务资料。该局接到通知后，未将此情况向巡察组汇报，也未及时安排人员取回财务资料，以种种理由拖延时间，在巡察组多次催要下，才于 7 月 23 日上午全部交到巡察组。同时，巡察组在查阅资料中发现，该局 2017 年度纪检工作会议记录存在时间倒置、多处涂改、内容矛盾等问题。2018 年 1 月，河南省卫辉市某局党组书记、局长姚某因干扰、妨碍巡察工作被免去党组书记和局长职务。

相关法规

《中国共产党巡视工作条例》第四十四条、第四十六条

条例原文

第七十条　组织迷信活动的，给予撤销党内职务或者留党察看处分；情节严重的，给予开除党籍处分。

参加迷信活动或者个人搞迷信活动，造成不良影响的，给予警告或者严重警告处分；情节较重的，给予撤销党内职务或者留党察看处分；情节严重的，给予开除党籍处分。

对不明真相的参加人员，经批评教育后确有悔改表现的，可以免予处分或者不予处分。

学习导读

本条是对组织、参加迷信活动等行为的纪律处分规定。其中新增“个人搞迷信活动”的内容有助于明确“参加迷信活动”行为和“讲风水”“信周公解梦”等一些个人迷信行为的区别，同时强调了对党员干部政治本色丧失的严肃处分。我国公民依法有宗教信仰自由，但党员作为唯物主

义者和无神论者，必须把对马克思主义的信仰、对社会主义和共产主义的信念作为毕生追求，坚守共产党人的精神家园，绝不能在宗教中寻找自己的价值和信念。党员干部信仰宗教，已经不符合党员条件，党组织应对其进行教育，视情况采取限期改正、劝其退党、除名等组织处置。党员干部组织或参加迷信活动，更是理想信念缺失的体现。党员干部搞迷信活动绝不是一件小事，会侵蚀共产党人的政治灵魂，也常常与腐败行为相伴相生，必须以严格的纪律予以规制。

延伸阅读

迷信活动还是正常宗教活动？

一是认定党员信仰宗教问题的，既不以党员参加入教仪式或取得佛道教在家信徒的居士证、皈依证等宗教类证件为前提，也不以在合法宗教活动场所参加过宗教活动为前提，而是应当以该党员背弃共产主义信仰，信仰某一宗教为判定标准。二是把组织或参加迷信活动与组织、参加一般的民俗、习俗活动，以及正常参加游览活动区分开来。不能把一些有着历史文化传统和民族、区域特色的民俗、习俗活动当成迷信活动。党员干部偶尔到一些寺庙、道观、教堂等合法宗教活动场所参观游览或参加活动仪式等，其目的仅仅是游览或工作，也不应认定为参加迷信活动。

以案说纪

2023年8月，山东省纪委监委发布通报，济南A公司原咨询方某某严重违纪违法被“双开”。通报指出，方某某身为国有公司党员领导干部，丧失理想信念，背弃初心使命，不信马列信鬼神，为谋求个人升迁，长期烧香拜佛、求签问卦。对党员干部来说，参加或组织封建迷信活动不是小事，党规党纪中更是有铁的约束。《关于新形势下党内政治生活的若干准则》明确要求，党员不准搞封建迷信。梳理查处的案例发现，党员干部搞封建迷信，情节五花八门。有的沉迷其中，把求签卜卦当作一门学问研究；有的为保佑仕途平安，找“大师”看风水、做法事，随身携带“平安符”“护身符”；有的充当迷信活动的掮客，想借助所谓“高人”牵线搭桥，帮助自己拓展人脉、实现诉求等。而在此过程中，一些党员干部一错再错、频触红线，或履职决策时看“时辰”、问“风水”，或挪用公款组织迷信活动、谋取私利……种种行为，都是对社会风气的污染、对政治生态的破坏，更是对党的形象和事业的严重损害。

相关法规

《关于新形势下党内政治生活的若干准则》

《中华人民共和国公职人员政务处分法》第四十条

条例原文

第七十四条　不履行全面从严治党主体责任、监督责任或者履行全面从严治党主体责任、监督责任不力，给党组织造成严重损害或者严重不良影响的，对直接责任者和领导责任者，给予警告或者严重警告处分；情节严重的，给予撤销党内职务或者留党察看处分。

学习导读

本条是对全面从严治党中“两个责任”不履行或履行不力的违纪行为的具体处分规定。所谓不履行主体责任和监督责任，是指党组织在管党治党方面失职、渎职，不履行全面从严治党主体责任或者履行主体责任不力，造成严重损害或者严重不良影响的行为。不履行主体责任和监督责任，会危害党的纯洁性和先进性，侵蚀党的执政基础，破坏党的凝聚力和战斗力。

以案说纪

2016年11月，四川省宜宾市兴文县大河苗族乡某村在县、乡人大代表选举时，发生未通知选民投票、工作人员直接填写选票等严重违规问题，导致选举无效。沈某作为县、乡人大换届选举工作领导小组组长及大河苗族乡人大换届选举工作指导组组长，未督促将相关政策法规培训到村组，选举当天现场督查流于形式，未及时发现和处置该村违规选举问题。高某作为县、乡人大换届选举工作领导小组副组长，对换届风气督查不深入，对大河苗族乡纪委开展换届风气监督工作指导不力。2016 年 11 月至 2017 年 1 月，因落实主体责任和监督责任不力，沈某受到党内严重警告处分，高某受到党内警告处分，大河苗族乡党委书记李某某、纪委书记周某分别受到党内严重警告处分，县、乡其他责任人员均受到责任追究。

相关法规

《中国共产党章程》总纲

《关于新形势下党内政治生活的若干准则》

四 违反政治纪律的行为

政治纪律“负面清单”

在重大原则问题上不同党中央保持一致且有实际言论、行为或者造成不良后果的。

通过网络、广播、电视、报刊、传单、书籍等，或者利用讲座、论坛、报告会、座谈会等方式，公开发表坚持资产阶级自由化立场、反对四项基本原则，反对党的改革开放决策的文章、演说、宣言、声明等的；公开发表违背四项基本原则，违背、歪曲党的改革开放决策，或者其他有严重政治问题的文章、演说、宣言、声明等；妄议党中央大政方针，破坏党的集中统一；丑化党和国家形象，或者诋毁、诬蔑党和国家领导人、英雄模范，或者歪曲党的历史、中华人民共和国历史、人民军队历史。

发布、播出、刊登、出版前款所列内容或者为上述行为提供方便条件的。

制作、贩卖、传播上述所列内容之一的报刊、书籍、音像制品、电子读物，以及网络文本、图片、音频、视频资料等。

私自携带、寄递上述所列内容之一的报刊、书籍、音像制品、电子读物等入出境。

私自阅看、浏览、收听上述所列内容之一的报刊、书籍、音像制品、电子读物，以及网络文本、图片、音频、视频资料等。

在党内组织秘密集团或者组织其他分裂党的活动的；参加秘密集团或者参加其他分裂党的活动的。

在党内搞团团伙伙、结党营私、拉帮结派、政治攀附、培植个人势力等非组织活动，或者通过搞利益交换、为自己营造声势等活动捞取政治资本的。

搞投机钻营，结交政治骗子或者被政治骗子利用的；充当政治骗子的。

党员领导干部在本人主政的地方或者分管的部门自行其是，搞山头主义，拒不执行党中央确定的大政方针，甚至背着党中央另搞一套的；贯彻党中央决策部署只表态不落实，或者落实党中央决策部署不坚决，打折扣、搞变通，在政治上造成不良影响或者严重后果的；不顾党和国家大局，搞部门或者地方保护主义的。

党员领导干部政绩观错位，违背新发展理念、背离高质量发展要求，给党、国家和人民利益造成较大损失的；搞劳民伤财的“形象工程”、“政绩工程”的。

对党不忠诚不老实，表里不一，阳奉阴违，欺上瞒下，搞两面派，做两面人，在政治上造成不良影响的。

制造、散布、传播政治谣言，破坏党的团结统一的；政治品行恶劣，匿名诬告，有意陷害或者制造其他谣言，造成损害或者不良影响的。

擅自对应当由党中央决定的重大政策问题作出决定、对外发表主张的。

不按照有关规定向组织请示、报告重大事项。

干扰巡视巡察工作或者不落实巡视巡察整改要求。

对抗组织审查，串供或者伪造、销毁、转移、隐匿证据；阻止他人揭发检举、提供证据材料；包庇同案人员；向组织提供虚假情况，掩盖事实；其他对抗组织审查行为。

组织、参加反对党的基本理论、基本路线、基本方略或者重大方针政策的集会、游行、示威等活动的，或者以组织讲座、论坛、报告会、座谈会等方式，反对党的基本理论、基本路线、基本方略或者重大方针政策，造成严重不良影响的；其他参加人员或者以提供信息、资料、财物、场地等方式支持上述活动者；未经组织批准参加其他集会、游行、示威等活动。

组织、参加旨在反对党的领导、反对社会主义制度或者敌视政府等组织的。

组织、参加会道门或者邪教组织的。

从事、参与挑拨破坏民族关系制造事端或者参加民族分裂活动的。

组织、利用宗教活动反对党的理论、路线、方针、政策和决议，破坏民族团结的。

组织迷信活动的；参加迷信活动或者个人搞迷信活

动，造成不良影响的。

组织、利用宗族势力对抗党和政府，妨碍党和国家的方针政策以及决策部署的实施，或者破坏党的基层组织建设的。

在国（境）外、外国驻华使（领）馆申请政治避难，或者违纪后逃往国（境）外、外国驻华使（领）馆的；在国（境）外公开发表反对党和政府的文章、演说、宣言、声明等的；故意为上述行为提供方便条件的。

在涉外活动中，其言行在政治上造成恶劣影响，损害党和国家尊严、利益的。

不履行全面从严治党主体责任、监督责任或者履行全面从严治党主体责任、监督责任不力，给党组织造成严重损害或者严重不良影响的。

党员领导干部对违反政治纪律和政治规矩等错误思想和行为不报告、不抵制、不斗争，放任不管，搞无原则一团和气，造成不良影响的。

违反党的优良传统和工作惯例等党的规矩，在政治上造成不良影响或者严重后果的。

第四章

严明组织纪律，增强组织纪律性

党的力量来自组织，组织能使力量倍增。组织严密、纪律严明能够有效保障党的团结统一，使全党上下拧成一股绳，心往一处想、劲往一处使，步调一致向前进。从集体到个体，从上级到下级，从中央到地方，都要把组织纪律当作重要遵循，这样才能有效防分裂、反贪腐、树公信，夯实执政基础，确保基业长青。

一　为什么必须严明组织纪律

党的组织纪律是规范和处理党的各级组织之间，党组织和党员之间以及党员与党员之间关系的行为规则，是维护党的集中统一、保持党的战斗力的基本条件，其本质要求是坚持民主集中制，贯彻落实新时代党的组织路线。党的十八大以来，以习近平同志为核心的党中央高度关注组织路线的贯

延伸阅读

新时代党的组织路线

2018 年 7 月，全国组织工作会议召开，习近平总书记首次明确提出新时代党的组织路线，即全面贯彻习近平新时代中国特色社会主义思想，以组织体系建设为重点，着力培养忠诚干净担当的高素质干部，着力集聚爱国奉献的各方面优秀人才，坚持德才兼备、以德为先、任人唯贤，为坚持和加强党的全面领导、坚持和发展中国特色社会主义提供坚强组织保证。新时代党的组织路线在理论上对马克思主义建党学说作出了开创性重大贡献，在实践上为新时代党的建设和组织工作指明了方向、提供了遵循。

彻执行，要求严明党的组织纪律和组织规矩，好好抓一抓组织纪律，加强全党的组织纪律性。

严明组织纪律是维护党的团结统一的根本保障。严密的组织体系是我们党不断成长壮大的根本保证。无论是血雨腥风的革命战争年代、筚路蓝缕的和平建设岁月，还是攻坚克难的改革开放时期，我们党取得一个又一个胜利，靠的就是严密的组织体系、严明的组织纪律。但是一定时期内，一些党员干部目无组织纪律，跟组织讨价还价，试图凌驾于组织之上，或者游离于组织之外，这些问题也突出存在。一个松松垮垮、稀稀拉拉的组织是不能干事，也干不成事的。党内组织观念、组织程序、组织纪律不严起来，就是一盘散沙。只有把组织纪律严起来，才能避免陷入涣散的危险，只有敢于自觉同违反民主集中制原则和制度的现象作斗争，弘扬正气，才能保证全党意志统一、步调一致，勠力同心谱写中国特色社会主义事业发展新篇章。

严明组织纪律是落实党的组织路线的可靠保证。党的组织路线主要包括组织原则、组织制度、组织纪律、党员标准和干部标准、党的干部政策和干部队伍建设、党的组织生活等方面内容。新时代党的组织路线为加强党的组织建设提供了科学遵循，为增强党的创造力、凝聚力、战斗力提供了重要保证。习近平总书记强调，组织路线对坚持党的领导、加强党的建设、做好党的组织工作具有十分重要的意义。新时代党的组织路线是理论的也是实践的，要在推进党的建设新的伟大工程、落实全面从严治党的实践中切实贯彻落实。

*严明组织纪律是增强党员组织观念的必然要求。*增强党员的组织纪律性是保持党的先进性和纯洁性的重要基础。分析这些年查处的违法乱纪案件，很多栽跟头的人都是从淡漠组织观念、放松组织纪律开始的，有的思想上左右摇摆，有的工作上讨价还价，有的情感上虚情假意，究其根源就在于没有厘清个人与组织的关系。每个党员特别是领导干部都要强化党的意识和组织观念，自觉做到思想上认同组织、政治上依靠组织、工作上服从组织、感情上信赖组织，真正做到让党放心、让组织信任、让人民满意。

二　如何严明组织纪律

党的十八大以来，以习近平同志为核心的党中央强调加强党的组织纪律建设，对于维护党的组织纯洁性、严密性和确保党的强大凝聚力与战斗力发挥了重要作用。严明组织纪律，就要强化组织观念、坚持组织原则，认真贯彻民主集中制，特别是以严的组织纪律要求解决党的基层组织弱化、虚化、淡化、边缘化的问题。

严明组织纪律，要切实遵守组织制度。民主集中制是党的根本组织原则和领导制度。它正确规范了党内政治生活，是处理党内关系的基本准则。严守党的组织纪律和组织规矩，就必须遵守组织原则，切实严格落实以民主集中制为核心的党内组织生活制度。要坚决维护报告制度的严肃性和权威性，切实增强纪律意识、规矩意识和组织观念，坚决做到对党忠诚老实、严格如实报告，自觉接受组织监督。

严明组织纪律，要切实强化组织管理。党组织功能的实现、作用的发挥靠有效管理。领导干部包括主要负责同志，要准确表达组织意图和个人意图，该以组织名义出面就不要以个人名义出面，该以个人名义出面就不要以组织名义出面，该集体研究就不要擅自表态，该征求意见就不要省略程序，不能把个人意见强加给集体、强加给组织，不能用个人决定代替组织决定。任何时候任何情况下，都要自觉防止个人凌驾于组织之上。

严明组织纪律，要切实执行组织纪律。不以规矩，不成方圆。党的规矩，党组织和党员干部必须遵照执行，不能搞特殊化、有例外。要坚持纪律面前人人平等、无一例外，切实增强党员干部对纪律的敬畏和戒惧意识，解决“有纪不依、执纪不严”“失之于宽、失之于软”的问题。遵守纪律无条件，执行纪律无禁区。要以零容忍的态度对待违反组织纪律的行为，做到有纪必执、违纪必查。形象地讲，就是要使纪律通“电”不断“电”，真正成为触碰不得的“高压线”。通过铁面执纪，坚决克服组织纪律松弛问题。

延伸阅读

党的组织生活

共产党员必须参加党的一个组织，过严格的组织生活，自觉接受组织的监督和教育，这是马克思主义建党学说对每一位共产党员的要求和规定。党的组织生活，是党组织对党员干部进行教育、管理和监督，保证党员干部发挥先锋模范作用最基本的形式。党内组织生活的主要形式包括“三会一课”、民主生活会、组织生活会、民主评议等。党内组织生活制度主要包括“三会一课”制度、党日制度、民主生活会制度、党员汇报制度、民主评议党员制度和报告工作制度等。《关于新形势下党内政治生活的若干准则》明确指出：“党的组织生活是党内政治生活的重要内容和载体，是党组织对党员进行教育管理监督的重要形式。”严格党的组织生活是严肃党内政治生活的重要举措，是夯实全面从严治党根基的关键一招。再严的纪律，再好的制度，不落实必落空。因此，各级党组织和党员干部特别是领导干部要真正将党内组织生活制度经常、认真、严肃地落实到位，从而发挥好制度的应有作用。

三 第七章“对违反组织纪律行为的处分”导读

违反组织纪律行为是指党组织和党员违反党章和其他党内法规以及国家法律法规中所规定的有关党员和国家组织、人事工作方面的原则、规定和制度，依照党内法规有关规定应当受到党的纪律追究的行为。《条例》第七章“对违反组织纪律行为的处分”共 17 条，增写 2 条，修改 7 条，聚焦推动落实新时代好干部标准、增强党员组织观念、保障人才评价机制落实等方面严明组织纪律，有利于推动新时代党的组织路线的正确执行，从组织上保证党的理论和路线方针政策、党中央决策部署的贯彻落实。

条例原文

第七十七条　违反民主集中制原则，有下列行为之一的，给予警告或者严重警告处分；情节严重的，给予撤销党内职务或者留党察看处分：

（一）拒不执行或者擅自改变党组织作出的重大决定；

（二）违反议事规则，个人或者少数人决定重大问题；

（三）故意规避集体决策，决定重大事项、重要干部任免、重要项目安排和大额资金使用；

（四）借集体决策名义集体违规。

学习导读

本条明确了违反民主集中制原则行为及其适用的处分种类和幅度。任何党员尤其是党员干部，必须坚决拥护民主集中制原则，集思广益、科学决策，绝不允许我行我素、独断

延伸阅读

民主集中制

1927年，党的五大正式将民主集中制确立为党的指导原则，并在《中国共产党第三次修正章程决案》中对民主集中制作了更加详细的规定。民主集中制是党的根本组织原则和领导制度，是党内政治生活正常开展的重要制度，是其他组织制度的基础和依据。它正确反映和规范了各种党内关系和特定社会关系，规定了党内政治生活必须遵循的基本准则，是我们党最大的制度优势，也是最根本、最核心的组织纪律。2018年12月，习近平总书记在中共中央政治局召开的民主生活会上要求各级党组织和党员领导干部把民主和集中有机统一起来，真正把民主集中制的优势变成我们党的政治优势、组织优势、制度优势、工作优势。

专行，要把个人服从组织、少数服从多数、下级组织服从上级组织、全党各个组织和全体党员服从党的全国代表大会和中央委员会的原则落到实处。各级组织要树立鲜明的导向，对坚持原则、敢于斗争、敢于说真话的同志，给予支持、保护和鼓励；对违反集中决策程序、破坏民主集中制的行为，严肃查处并加大通报曝光力度。

以案说纪

重庆市某区委党史研究室原主任黄某某，在单位“搞家长制”“一言堂”是有名的，个人决定本应当按照民主集中制原则和议事规则集体研究的重要问题，触碰了纪律的“高压线”。在他眼里，“党史研究室机构小，正式编制才7人，有什么事互相通知一声就行”，“领导班子只有一正一副，集体决策意思一下即可”。“工作上他认定的事情，基本上听不进别人意见。”这是黄某某给多数下属的印象。2013年至2017年，党史研究室成功申报了8本党史资料的编撰、出版工作，涉及金额50余万元，这是该单位少有的大项目，其相关业务却被黄某某“一锤定音”。黄某某认为党史研究室是“清水衙门”，与“三重一大”不沾边，没有重大事项、重要项目，大额资金也没有具体金额限定，就独断专行，个人决定党史资料印刷厂家、合同签订、款项支付等重要问题，造成50余万元财政资金长期存在流失风险。其间为处理“不便”的开支，黄某某还在党史资料没有出版验收的情况下，主动向印刷企业提出提前付款。直至案发，这8本党史资料均未印刷出版。2018年12月，黄某某受到留党察看及政务撤职处分，从正处级领导职务降为主任科员。

相关法规

《关于新形势下党内政治生活的若干准则》

《中国共产党组织处理规定（试行）》第七条

条例原文

第八十条　在党组织纪律审查中，依法依规负有作证义务的党员拒绝作证或者故意提供虚假情况，情节较重的，给予警告或者严重警告处分；情节严重的，给予撤销党内职务、留党察看或者开除党籍处分。

学习导读

本条明确了负有作证义务的党员拒绝作证或者故意提供虚假情况应当追究党纪责任的规定，有助于进一步推动党员强化组织观念，明确党员应尽的责任和义务。作为证人的党员，在组织向其了解情况时，应当本着对党内同志、党组织和党的事业高度负责的态度，客观如实反映情况，严肃认真履行作证义务，共同维护纪律审查工作的权威性和严肃性。

延伸阅读

党员在纪律审查中要严格履行作证义务

纪律审查是一项严肃的政治工作，是维护党的纪律权威性的重要举措，也是纪检监察机关开展的一项重要的执纪执法活动，关乎纪检监察工作高质量发展。1994 年印发的《中国共产党纪律检查机关案件检查工作条例》及其实施细则明确规定，“凡是知道案件情况的组织和个人都有提供证据的义务”“党员拒绝作证或故意提供虚假情况，情节严重的应按照有关规定给予党纪处分”。《中华人民共和国监察法》第十八条、《中华人民共和国公职人员政务处分法》第四十二条均规定，监察机关有权依法向有关单位和个人了解情况，收集、调取证据，有关单位和个人应当如实提供情况。在案件审查时，往往会涉及很多证人，这些证人虽不是案件的当事人、涉案人，但因为知道案件相关情况，依法依规负有作证义务。新修订《条例》把党员拒绝作证或者故意提供虚假情况的行为纳入党的纪律处分条例中，体现了全面从严治党愈来愈严的态度和趋向。

以案说纪

人民银行呼和浩特中心支行某中心原副主任科员孙某某在人民银行党委对呼和浩特中心支行党委巡视期间依旧不收敛、不收手，胆大妄为。他自认为基层人民银行纪检部门无权查办职务犯罪案件，对组织的多次谈话不屑一顾，甚至让相关人员为其作伪证。在组织掌握大量线索后，其仍坚称“真实”采买过报销物品。在组织多次提醒和教育挽救时，以“不知道”“不清楚”“记不清”为借口消极应付审查，被地方纪委监委采取留置措施后的当天下午，他才将其虚开发票、贪污公款的种种行径全盘托出。2019年5月，孙某某因涉嫌贪污罪被内蒙古呼和浩特市托克托县监委立案调查并采取留置措施。同年8月，孙某某被开除党籍、开除公职。2020年5月，孙某某被判处有期徒刑4年6个月，并处罚金30万元。

相关法规

《中国共产党纪律检查机关案件检查工作条例》第二十八条

《中华人民共和国监察法》第十八条

《中华人民共和国公职人员政务处分法》第四十二条

条例原文

第八十一条　有下列行为之一，情节较重的，给予警告或者严重警告处分：

（一）违反个人有关事项报告规定，隐瞒不报；

（二）在组织进行谈话函询时，不如实向组织说明问题；

（三）不按要求报告或者不如实报告个人去向；

（四）不如实填报个人档案资料。

有前款第二项规定的行为，同时向组织提供虚假情况、掩盖事实的，依照本条例第六十三条规定处理。

篡改、伪造个人档案资料的，给予严重警告处分；情节严重的，给予撤销党内职务或者留党察看处分。

隐瞒入党前严重错误的，一般应当予以除名；对入党多年且一贯表现好，或者在工作中作出突出贡献的，给予严重警告、撤销党内职务或者留党察看处分。

学习导读

本条明确了对隐瞒不报个人有关事项、不如实向组织说明问题等情节较重行为的处分规定，充分体现了党组织对党员在忠诚老实方面的纪律要求，体现了“党纪严于国法”的党内审查特色。广大党员干部对党忠诚老实不能只停留在口头上，应当是具体的、实践的，向组织报告事项、说明问题要做到言行一致、表里如一，防止和克服党内不良问题，自觉维护党的集中统一，增强党的凝聚力、战斗力。

以案说纪

广东省普宁市纪委收到反映高埔镇某村原党支部书记、村委会主任田某某有关问题的举报件后，将其交高埔镇纪委查办，并要求在规定时间前上报调查结果。经过调查，高埔

延伸阅读

领导干部个人有关事项报告制度

领导干部个人有关事项报告制度是请示报告制度的重要组成部分，向组织如实报告个人有关事项是领导干部必须遵守的组织纪律。领导干部每年度需要集中报告上一年度的个人有关事项主要有：本人婚姻情况；本人的健康状况、身患重大疾病的情况；本人持有普通护照以及因私出国的情况；子女与外国人、无国籍人通婚的情况；配偶、子女及其配偶移居国（境）外的情况等 9 项“家事”。本人的工资及各类奖金、津贴、补贴等；本人从事讲学、写作、咨询、审稿、书画等劳务所得；本人、配偶、共同生活的子女的房产情况；本人、配偶、共同生活的子女持有股票、基金、投资型保险等情况；配偶、子女及其配偶经商办企业的情况等 6 项“家产”。除年度集中报告外，领导干部个人及家庭成员发生规定情况的，应当在 30 日内或者第一时间及时报告，并在年度集中报告时继续填报，比如，本人身患重大疾病情况，本人婚姻变化情况，配偶、子女移居国（境）外，或者到国（境）外工作、学习、生活的情况，配偶、子女及其配偶新从事经商办企业的情况，配偶、子女及其配偶被司法机关追究刑事责任或者被监察机关留置情况等。个人有关事项报告制度是检验党员干部对党是否忠诚老实的试金石，是衡量领导干部组织意识、规矩意识的标尺。不报告、不如实报告个人有关事项，反映了一些党员干部对党不忠诚、不老实，实质上是不敢晒家底、亮收入，自身不干净。

镇纪委查明了某村挪用种粮补贴资金95.6万元的违纪问题。然而，时任高埔镇党委委员、纪委书记的钟某某，对此问题责任人认定错误、量纪畸轻，将责任较轻的村党支部副书记认定为直接责任人，并对其立案审查；将本应是直接责任人的田某某认定为主要领导责任，对其诫勉谈话。钟某某没有按时上报上述错误处理结论，既未经交办单位普宁市纪委同意，也未向高埔镇党委汇报便擅自实施，且在普宁市纪委明确相关处理结论错误后，钟某某未及时改正，致使田某某被立案追究责任。钟某某受到党内警告处分。

相关法规

《中华人民共和国公职人员政务处分法》第二十九条

《领导干部报告个人有关事项规定》

条例原文

第八十二条　党员领导干部违反有关规定组织、参加自发成立的老乡会、校友会、战友会等，情节严重的，给予警告、严重警告或者撤销党内职务处分。

学习导读

本条明确了对党员领导干部违反有关规定组织、参加自发成立的老乡会、校友会、战友会等组织的违纪行为的处分规定，主要是针对一些党员领导干部热衷于参加各种老乡会、校友会、战友会等编织关系网、搞利益交换的行为。值得注意的是，这条规定针对的仅是“党员领导干部”，体现了对党员领导干部的高要求。党员领导干部违反上述规定行为的，党组织要及时进行批评教育，促其改正；对违背组织原则，

延伸阅读

领导干部不得参加自发成立的老乡会、校友会、战友会等组织

2002年4月，中央纪委、中央组织部、解放军总政治部印发《关于领导干部不得参加自发成立的“老乡会”、“校友会”、“战友会”组织的通知》，明确领导干部不得参加自发成立（未经民政部门登记注册）的老乡、校友、战友之间的各种联谊会之类的组织，不得担当这类联谊会的发起人和组织者，不得在这类联谊会中担任相应职务；领导干部参加老乡、校友、战友之间的各种联谊类活动，不得借机编织“关系网”，搞亲亲疏疏，团团伙伙，更不得有“结盟”“金兰结义”等行为。党员领导干部参加正常范围内的老乡、校友、战友聚会，进行健康文明、积极向上的人际交往，并不违反党的纪律。但是，一些党员领导干部热衷于参加自发成立的老乡会、校友会、战友会等组织，编织“关系网”，拉“小圈子”，搞非组织活动，在党员群众中产生不良影响，必须对这类行为予以纠正。

情节严重的，要给予党纪处分。

以案说纪

店门镇是湖南省衡阳市南岳衡山的南大门。1999 年冬天，29 名店门籍政府官员集聚，商议成立店门同乡会，入会门槛是衡山县官场中店门籍的科级干部。2006 年，店门同乡会换届，作为组建人之一的旷某某当选为会长，他大量发展会员，将店门籍年轻干部、村干部和企业老板也吸纳进来，同乡会规模增加到 150 人左右。店门同乡会几乎每年召开一次全体会议，通过搞活动联络感情。活动经费除了每人每年缴纳的会费，更多来自会员赞助。为形成利益共同体，旷某某在一次同乡会全体会议上讲，要帮助会员中的年轻干部谋取政治进步，要扶持会员企业发展，为他们争资金、跑项目。店门同乡会组织严密，有章程、有分工、有固定经费。店门同乡会理事会下设 4 个组：衡山行政组、南岳行政组、民营企业组、科教及对外工作联络组。加入店门同乡会的党员干部众多，既有刚参加工作的年轻人，也有已经退休的老干部，很多人是为了寻求政治资源。衡山一度形成“店门帮”。这一组织，谋求不正当政治经济利益，对当地政治生态造成负面影响。2017 年 5 月，衡山县民政局宣布店门同乡会为非法组织，依法没收活动经费 7 万多元。6 名县处级干部、32 名正科级干部、21 名副科级干部被提醒谈话，湖南衡山县原副县级干部旷某某被移送司法机关。

相关法规

《关于新形势下党内政治生活的若干准则》

《关于在干部教育培训中进一步加强学员管理的规定》第八条

条例原文

第八十三条　有下列行为之一的，给予警告或者严重警告处分；情节较重的，给予撤销党内职务或者留党察看处分；情节严重的，给予开除党籍处分：

（一）在民主推荐、民主测评、组织考察和党内选举中搞拉票、助选等非组织活动；

（二）在法律规定的投票、选举活动中违背组织原则搞非组织活动，组织、怂恿、诱使他人投票、表决；

（三）在选举中进行其他违反党章、其他党内法规和有关章程活动。

搞有组织的拉票贿选，或者用公款拉票贿选的，从重或者加重处分。

学习导读

拉票贿选直接冲击中国特色社会主义政治制度，动摇党的干部工作根基，危害党的政治生态，损害党和政府形象。

本条是对拉票贿选行为处分条款的细化和具体化，有助于进一步严肃组织纪律和换届纪律，为营造风清气正的换届工作提供坚强保障。

延伸阅读

严明换届纪律，严肃换届风气

党内选举是党内政治生活的重要组成部分。《关于新形势下党内政治生活的若干准则》明确规定，“党的任何组织和个人不得以任何方式妨碍选举人依照规定自主行使选举权，坚决反对和防止侵犯党员选举权和被选举权的现象，坚决防止和查处拉票贿选等行为”“坚决禁止跑官要官、买官卖官、拉票贿选等行为”。党的十八大以来，我们党严肃查处湖南衡阳破坏选举案、四川南充拉票贿选案、辽宁拉票贿选案等破坏党内选举制度和人大选举制度的重大案件，充分体现了坚持全面从严治党、坚决惩治腐败的鲜明态度，有力维护了党纪国法的权威和尊严，得到了广大党员干部和人民群众的衷心拥护和支持。

以案说纪

2011 年至 2013 年，辽宁在省委换届、省人大换届、全国人大代表选举 3 次选举中发生大范围、大面积的拉票贿选问题。在辽宁拉票贿选案中，王珉身为省委书记没有履行管党治党政治责任，未按照中央要求履行换届工作第一责任人的职责，对辽宁省有关选举发生拉票贿选问题负有主要领导责任和直接责任。王珉私自提出将苏宏章作为省委常委的差额人选，没有经过省委常委会的集体研究。王阳本不在省人大常委会副主任候选人之列，但王珉没走正常程序，写个便笺，就把王阳弄上去了。在几次选举过程中，省纪委、省委组织部等部门，包括王珉的秘书都曾向王珉汇报选举中有不正常现象，但王珉都放任不管。王珉说："我觉得也不要太追了，把这事情搞出来，有什么好处呢。"王珉的此番态度，让拉票贿选渐渐变得全无顾忌，送钱送物几乎都是半公开状态。除了默许纵容，王珉甚至亲自出面替数名企业老板打招呼，帮助他们获得提名。这背后的原因，是王珉和这些老板有权钱交易，收过他们的钱物。当老板们提出想当人大代表时，王珉自然也就无法拒绝。一些本来没有拉票贿选的候选人看到别人又跑又送搞得轰轰烈烈，也产生了强烈的危机感，随后也开始活动，致使拉票贿选行为像瘟疫一样恶性蔓延。据了解，辽宁拉票贿选案共查处955人，其中中管干部34人，省管干部905人，45名拉票贿选的全国人大代表当选无效，523名收受贿赂的辽宁省人大代表被终止代表资格。

相关法规

《关于新形势下党内政治生活的若干准则》

《中华人民共和国刑法》第二百五十六条

条例原文

第八十四条　在干部选拔任用工作中，有任人唯亲、排斥异己、封官许愿、说情干预、跑官要官、突击提拔或者调整干部等违反干部选拔任用规定行为，对直接责任者和领导责任者，情节较轻的，给予警告或者严重警告处分；情节较重的，给予撤销党内职务或者留党察看处分；情节严重的，给予开除党籍处分。

用人失察失误造成严重后果的，对直接责任者和领导责任者，依照前款规定处理。

学习导读

本条明确了干部选拔任用的纪律要求，同时规定了用人失察失误造成严重后果的行为。本条重在强调用人失察失误造成严重后果的，给予直接责任者和领导责任者纪律处分；对没有造成严重后果的，党组织可以给予批评教育、组织调整或者组织处理等。只有坚持正确选人用人导向，匡正选人用人风气，才能形成风清气正的良好政治生态，推动党的事业欣欣向荣。

延伸阅读

选拔任用党政领导干部应遵守的十大纪律

（一）不准超职数配备、超机构规格提拔领导干部、超审批权限设置机构配备干部，或者违反规定擅自设置职务名称、提高干部职务职级待遇；

（二）不准采取不正当手段为本人或者他人谋取职务、提高职级待遇；

（三）不准违反规定程序动议、推荐、考察、讨论决定任免干部，或者由主要领导成员个人决定任免干部；

（四）不准私自泄露研判、动议、民主推荐、民主测评、考察、酝酿、讨论决定干部等有关情况；

（五）不准在干部考察工作中隐瞒或者歪曲事实真相；

（六）不准在民主推荐、民主测评、组织考察和选举中搞拉票、助选等非组织活动；

（七）不准利用职务便利私自干预下级或者原任职地区、系统和单位干部选拔任用工作；

（八）不准在机构变动，主要领导成员即将达到任职年龄界限、退休年龄界限或者已经明确即将离任时，突击提拔、调整干部；

（九）不准在干部选拔任用工作中任人唯亲、排斥异己、封官许愿，拉帮结派、搞团团伙伙，营私舞弊；

（十）不准篡改、伪造干部人事档案，或者在干部身份、年龄、工龄、党龄、学历、经历等方面弄虚作假。

以案说纪

2013 年 10 月，广西壮族自治区某厅原党组书记、厅长陈某某在中央党校学习期间，经人介绍认识了某出版社发行部主任柳某某，柳某某表示想调到自治区某厅工作。之后，陈某某将柳某某给的个人履历交给自治区某厅人事教育处，并签批意见，请人事教育处根据柳某某个人情况、某厅岗位空缺及用人需求提出意见。2013 年 11 月 20 日，自治区某厅人事教育处提出拟调任柳某某为本厅社会保险中心副主任（正处级）的书面意见。次日，陈某某主持召开党组会议，研究同意调柳某某到自治区某厅社会保险中心任副主任。2014 年 3 月 18 日，柳某某到自治区某厅报到上班。经查，柳某某 2010 年在担任河南省禹州市某乡党委书记期间，因违反纪律被禹州市纪委给予撤销党内职务处分。之后柳某某伪造个人档案材料，其中职务级别、工作经历、出生时间和入党、年度考核等情况都存在造假情况，涉嫌造假骗官，被群众举报至中央巡视组，造成恶劣影响。柳某某被开除党籍、开除公职。陈某某作为自治区某厅党组书记、厅长违反组织纪律，在选拔任用干部中不认真考察，选拔任用不符合条件的干部，用人失察失误，造成恶劣影响，最终受到党纪严惩。

相关法规

《党政领导干部选拔任用工作条例》第六十一条

《干部选拔任用工作监督检查和责任追究办法》第三十五条、第三十六条、第三十七条、第三十八条

条例原文

第八十五条　在推进领导干部能上能下工作中，搞好人主义，有下列行为之一，对直接责任者和领导责任者，情节较重的，给予警告或者严重警告处分；情节严重的，给予撤销党内职务或者留党察看处分：

（一）以党纪政务等处分规避组织调整；

（二）以组织调整代替党纪政务等处分；

（三）其他避重就轻作出处理行为。

学习导读

本条明确了在推进领导干部能上能下工作中搞好人主义违纪行为对直接责任者和领导责任者的惩处类型和幅度，包括以党纪政务等处分规避组织调整、以组织调整代替党纪政务等处分或者其他避重就轻作出处理行为，视情节给予相应处分。这是贯彻落实党的二十大报告关于“推动干部能上能下、能进能出”的具体要求。通过充实惩戒规定，有助于推

延伸阅读

《推进领导干部能上能下规定》

2022 年 9 月 8 日，中共中央办公厅发布了新修订的《推进领导干部能上能下规定》（以下简称《规定》），这是深化全面从严治党、管党治吏的重大举措。

《规定》明确了问责、党纪政务处分、组织处理、辞职、职务任期、退休和对不适宜担任现职干部的组织调整等 7 种干部下的渠道；聚焦调整不适宜担任现职干部，从政治表现、理想信念、斗争精神、政绩观、执行组织纪律、担当作为、能力素质、工作作风、道德品行等方面列出 15 种情形。

《规定》进一步优化了对不适宜担任现职干部的有关核实认定和调整程序，完善了有关调整安排方式。重点措施包括以下 6 个方面：一是把年度考核作为推进领导干部能上能下的重要依据，深入了解干部的政治表现、能力水平、工作实绩、作风状态、群众口碑等。二是坚持在重大任务、重大斗争一线考察识别干部，在实战考验中辨别高下、区分优劣。三是加强综合分析研判，用好干部考核考察、巡视巡察、审计、统计、个人有关事项报告、民主评议、信访等方面成果，动态掌握干部现实表现。四是严格落实责任，把《规定》执行情况纳入党委（党组）履行全面从严治党主体责任、“一报告两评议”、巡视巡察、选人用人专项检查等内容，纳入党委（党组）书记年度考核述职内容。五是建立及时报备制度，要求每年向上级报备上年度相关情况，推进能上能下常态化。六是加强舆论宣传，推动形成能上能下的社会环境和舆论氛围。

动领导干部能上能下工作落到实处，推动落实新时代好干部标准，促进形成能者上、优者奖、庸者下、劣者汰的良好局面。

以案说纪

江西省南丰县某水库管理局副局长、某旅游开发有限公司（国有独资）执行监事黄某某明哲保身、监管不力“好人主义”问题。2017年以来，该公司长期处于经营管理不规范、账目混乱、财务管理不善、收支情况不清状态。其中，2019年以来，该公司存在40余名顾客消费21万余元后赊账长期未结问题。该公司还存在其他经营管理问题。黄某某作为该公司监事，监管不力。2020年2月，黄某某受到党内警告处分。艾某某、谢某、黄某某3人同为各自单位的审核、监管人员，本应严格执行单位的各项规定和要求，然而在实际工作中，他们对自己工作的领域不熟悉、业务不精，无意“栽刺”、履责不力，“睁一只眼闭一只眼”，搞“你好、我好、大家好”，无原则、无底线“和稀泥”，是典型的“好人主义”。

相关法规

《推进领导干部能上能下规定》

《关于新形势下党内政治生活的若干准则》

条例原文

第八十六条　在干部、职工的录用、考核、职务职级晋升、职称评聘、荣誉表彰，授予学术称号和征兵、安置退役军人等工作中，隐瞒、歪曲事实真相，或者利用职权或者职务上的影响违反有关规定为本人或者其他人谋取利益的，给予警告或者严重警告处分；情节较重的，给予撤销党内职务或者留党察看处分；情节严重的，给予开除党籍处分。

弄虚作假，骗取职务、职级、职称、待遇、资格、学历、学位、荣誉、称号或者其他利益的，依照前款规定处理。

学习导读

本条明确了对干部职工录用、考核、晋升等环节中存在违纪行为的处分规定。规定本条的目的是落实党章关于“充分发挥人才作为第一资源的作用”要求。充实上述处分规定，有利于促进形成公平公正公开的评选环境，为推动营造识才爱才敬才用才的良好氛围提供纪律保障。

以案说纪

2021 年 7 月，江苏省人力资源和社会保障厅发布了 9 起关于高级职称评审弄虚作假典型案例的通报。通报中提及南

延伸阅读

充分发挥人才作为第一资源的作用

党的十八大以来，我们全面贯彻新时代人才工作新理念新战略新举措，人才工作取得历史性成就、发生历史性变革。同时应当看到，我国人才工作同新形势新任务相比还有很多不适应的地方。比如，战略科学家、顶尖人才、“卡脖子”技术攻关人才、基础研究人才不足，人才政策精准化程度不高，人才发展体制机制改革还存在“最后一公里”不畅通的问题，人才评价唯论文、唯职称、唯学历、唯奖项等问题仍然比较突出，等等。党的二十大党章修正案增写“充分发挥人才作为第一资源的作用”的内容，就是要坚持目标导向、问题导向、结果导向相统一，坚决破除妨碍人才充分发挥作用的政策弊端和体制机制障碍，让人才的活力充分迸发，创造的源泉充分涌流。要坚持党管人才原则，坚持人才引领发展的战略地位，完善人才战略布局，加快建设世界重要人才中心和创新高地，促进人才区域合理布局和协调发展。加快建设国家战略人才力量，努力培养造就更多大师、战略科学家、一流科技领军人才和创新团队、青年科技人才、卓越工程师、大国工匠、高技能人才。实施更加积极、更加开放、更加有效的人才政策，深化人才发展体制机制改革，着力形成人才国际竞争的比较优势。加强对人才的政治引领，把党内和党外、国内和国外各方面优秀人才集聚到党和人民的伟大事业中来。

京市广播电视大学某分校校长业某伪造业绩证明材料，所在学校审核把关不严问题。经调查核实，业某在 2018 年申报中小学教师高级职称时，提供的教学内容与实际从事社区教育事实不符，伪造授课对象及人数、周课时、学年总课时等业绩证明材料。南京市广播电视大学某分校对业某任教科目、课时审核把关不严。根据调查结论和相关规定，江苏省人力资源和社会保障厅撤销业某中小学高级教师职称，3 年内不得申报高级职称。

相关法规

《关于新形势下党内政治生活的若干准则》

《中华人民共和国公职人员政务处分法》第三十二条

四　违反组织纪律的行为

组织纪律“负面清单”

违反民主集中制原则，拒不执行或者擅自改变党组织作出的重大决定；违反议事规则，个人或者少数人决定重大问题；故意规避集体决策，决定重大事项、重要干部任免、重要项目安排和大额资金使用；借集体决策名义集体违规。

下级党组织拒不执行或者擅自改变上级党组织决定的。

拒不执行党组织的分配、调动、交流等决定的。

在党组织纪律审查中，依法依规负有作证义务的党员拒绝作证或者故意提供虚假情况，情节较重或情节严重的。

有下列行为之一，情节较重的：违反个人有关事项报告规定，隐瞒不报；在组织进行谈话函询时，不如实向组织说明问题；不按要求报告或者不如实报告个人去向；不如实填报个人档案资料。篡改、伪造个人档案资料。隐瞒入党前严重错误的。

党员领导干部违反有关规定组织、参加自发成立的老乡会、校友会、战友会等，情节严重的。

在民主推荐、民主测评、组织考察和党内选举中搞拉票、助选等非组织活动；在法律规定的投票、选举活动中违背组织原则搞非组织活动，组织、怂恿、诱使他人投票、表决；在选举中进行其他违反党章、其他党内法规和有关章程活动。搞有组织的拉票贿选，或者用公款拉票贿选的。

在干部选拔任用工作中，有任人唯亲、排斥异己、封官许愿、说情干预、跑官要官、突击提拔或者调整干部等违反干部选拔任用规定行为；用人失察失误造成严重后果的。

在推进领导干部能上能下工作中，搞好人主义，以党纪政务等处分规避组织调整；以组织调整代替党纪政务等处分；其他避重就轻作出处理行为。

在干部、职工的录用、考核、职务职级晋升、职称评聘、荣誉表彰，授予学术称号和征兵、安置退役军人等工作中，隐瞒、歪曲事实真相，或者利用职权或者职务上的影响违反有关规定为本人或者其他人谋取利益的。弄虚作假，骗取职务、职级、职称、待遇、资格、学历、学位、荣誉、称号或者其他利益的。

侵犯党员的表决权、选举权和被选举权，情节较重或情节严重的；以强迫、威胁、欺骗、拉拢等手段，妨害党员自主行使表决权、选举权和被选举权的。

对批评、检举、控告进行阻挠、压制，或者将批评、检举、控告材料私自扣压、销毁，或者故意将其泄露给他人；对党员的申辩、辩护、作证等进行压制，造成不良后果；压制党员申诉，造成不良后果，或者不按照有关规定处理党员申诉；其他侵犯党员权利行为，造成不良后果。对批评人、检举人、控告人、证人及其他人员打击报复的。

违反党章和其他党内法规的规定，采取弄虚作假或者其他手段把不符合党员条件的人发展为党员，或者为非党员出具党员身份证明的。违反有关规定程序发展党员的。

违反有关规定取得外国国籍或者获取国（境）外永

久居留资格、长期居留许可的。

违反有关规定办理因私出国（境）证件、前往港澳通行证，或者未经批准出入国（边）境。虽经批准因私出国（境）但存在擅自变更路线、无正当理由超期未归等超出批准范围出国（境）行为。

驻外机构或者临时出国（境）团（组）中的党员擅自脱离组织，或者从事外事、机要、军事等工作的党员违反有关规定同国（境）外机构、人员联系和交往的。

驻外机构或者临时出国（境）团（组）中的党员，脱离组织出走时间不满 6 个月又自动回归的；脱离组织出走时间超过 6 个月的。故意为他人脱离组织出走提供方便条件的。

第五章

严明廉洁纪律，筑牢清正廉洁防线

清正廉洁是无产阶级政党的政治本色。自觉遵守廉洁纪律是党的性质和宗旨的基本要求，也是共产党人的基本底线。党的廉洁纪律是全体党员特别是领导干部不可触碰的底线，是预防和惩治腐败的重要武器，在维护党的形象和信誉等方面具有不可替代的作用。

一 为什么必须严明廉洁纪律

廉洁纪律是党的各级组织和全体党员在从事公务活动或者其他活动中应当遵守的廉洁用权的行为规则，是实现干部清正、政府清廉、政治清明的重要保障，其本质要求是秉公用权，不用公权谋私利。坚守廉洁纪律不仅是党的生命线，是每个党员必须坚守的底线，更是干部清正、政府清廉、政治清明的重要保障，对于永葆共产党人清正廉洁的政治本色、打造清正廉洁政府和营造风清气正的良好政治生态具有重大意义。

*严明廉洁纪律是实现干部清正的必然要求。*唯有为政清廉，才能取信于民，唯有秉公用权，才能赢得人心。始终保持清正廉洁的政治本色，是中国共产党区别于其他政党的鲜明特征，也是中国共产党赢得人民信任、取得伟大成就的关键所在。历史和现实都表明，始终保持清正廉洁的政治本色是我们党战无不胜、攻无不克的制胜法宝，也是共产党人在长期生动实践中的基本遵循。严明廉洁纪律有利于引导广大党员干部筑牢信仰之基、补足精神之钙、把稳思想之舵，永葆中国共产党人清正廉洁的政治本色，确

保权力不被滥用、人民利益不受侵犯，不负党和人民赋予的重任。

延伸阅读

党史上第一个惩治贪污腐败的文件

1925 年，中国共产党在领导五卅运动的过程中得到很大发展。党员从年初的不足 1000 人，发展到年底已达 1 万人。不少原来没有党组织的地方建立了党组织。中国共产党未雨绸缪，敏锐地察觉到党内混入“投机腐败分子”的危险，1926 年 8 月 4 日，中共中央出台了第一部惩治贪污腐化分子的文件《中央扩大会议通告——坚决清洗贪污腐化分子》。文件对腐败分子对党和革命工作的危害及其严重性有清醒的认识，指出：“一个革命的党若是容留这些分子在内，必定会使他的党陷于腐化，不特不能执行革命的工作，且将为群众所厌弃”，“个人生活上表现极坏的倾向，给党以很恶劣的影响”，“使党腐化，且败坏党在群众中的威望”。为了防止腐败分子给革命事业造成危害，中共中央还在通告中特别训令各级党组织，“应该很坚决的洗清这些不良分子”，“望各级党部于接此信后，立即执行，并将结果具报中局，是为至要”。该通告深刻分析了贪腐给党的事业带来的严重危害，阐述了党与贪腐斗争的立场和方针，行文使用“坚决”“迅速”“不容情”“立即执行”“是为至要”等一系列严厉措辞，表明了中国共产党人反腐倡廉的宗旨和初心。

严明廉洁纪律是实现政府清廉的必要之举。公生明，廉生威。清廉是中国共产党领导的人民政府应有的本质特征。廉洁是政府公信力的基石，一个依法行政、廉洁高效的政府，才能赢得人民的真正信赖和支持。腐败是政府权威性的蛀虫。任何一个地方、一个部门、一个系统，无论是“一把手”腐败还是基层干部违纪违法，无论腐败金额大小，都会严重损害党和政府的形象，给国家和社会带来危害。党的十八大以来，以习近平同志为核心的党中央身体力行、率先垂范，严明廉洁纪律，深化标本兼治、系统治理，严肃查处重点领域腐败问题，坚决惩治群众身边的腐败和不正之风，保证使人民所赋予的权力用来为广大人民群众服务，打造了为民廉洁的政府，赢得了党心民心。严明廉洁纪律是中国共产党打造清正廉洁服务型政府的根基。

严明廉洁纪律是实现政治清明的重要保障。政治清明就是要实现政治文明充分发展，建成风清气正、政通人和、安定有序、公平公正的政治生态环境。政治生态好，人心就顺、正气就足；政治生态不好，就会人心涣散、弊病丛生。严明廉洁纪律促使广大党员干部时刻紧绷廉洁之“弦”，有利于党对政治生态问题时刻保持警惕，以永远在路上的定力和决心，推进政治生态建设常态化长效化，保持政治上的清醒和坚定，在全面引领良好政治生态中永葆清廉本色。

二 如何严明廉洁纪律

严明党的廉洁纪律，最根本的是以铁的纪律确保全体党员不谋求任何私利和特权，把反腐败斗争进行到底，实现干部清正、政府清廉、政治清明，保持共产党人清正廉洁的政治本色，巩固党的长期执政地位，实现国家的长治久安，实现人民的幸福安康。

严明廉洁纪律，必须要求党员练好清廉内功，做到廉洁修身。知为行之始，学为用之先。列宁曾经说过，“政治上有教养的人是不会贪污受贿的”。党员只有把世界观、人生观、价值观的“总开关”拧紧了，才能更深刻地理解权力从何而来，权力如何规范使用。全体党员要重视理论武装，坚定理想信念，认真学懂弄通习近平新时代中国特色社会主义思想，尤其要加强廉洁纪律学习教育，勤练清廉自守的“内功”，在立根固本上下功夫；要树立正确的义利观，把以权谋私、贪污腐败看成是极大的耻辱，厚植为民情怀，不断增强严明廉洁纪律的思想自觉、行动自觉，防止歪风邪气近身附体。

严明廉洁纪律，必须加快推进廉洁政府建设，做到廉洁用权。转变政府职能，依法规范权力运行，是建设廉洁政府的重要步骤。党的十八大以来，党把加强对权力的制约和监督作为全面从严治党重要内容，围绕“把权力关进制度的笼子里”，突出“一把手”和领导班子这个“关键少数”，健全党内监督体系，锻造巡视利剑并组织开展巡视，深化国家监督监察体系改革，让权力在阳光下运行。推进廉洁政府建设的过程，就是不断依法规范党员干部廉洁自律的过程，就是推进“公款姓公，一分一厘莫要乱花；公权为民，一丝一毫莫要乱用”的过程。

严明廉洁纪律，必须坚决打赢反腐败斗争攻坚战持久战，做到廉洁从政。腐败问题是关系党的生死存亡的重大问题。中国共产党从成立之初就深知腐败之害，与腐败水火不容。党的十八大以来，党以“得罪千百人，不负十四亿”的意志，坚持反腐败无禁区、全覆盖、零容忍，坚定不移“打虎”“拍蝇”“猎狐”，推动不敢腐的强大震慑效能、不能腐的刚性制度约束、不想腐的思想教育优势融为一体，让党员干部因敬畏而“不敢”、因制度而“不能”、因觉悟而“不想”，促使全体党员保持清醒头脑，自警、自省、自励，不该去的地方坚决不去，不该拿的东西分毫不拿，永远做清正廉洁、全心全意为人民服务的标杆。

严明廉洁纪律，必须加强新时代廉洁文化建设，营造崇廉拒腐氛围。廉洁文化是以崇尚廉洁、奉公自律为价值取向，融合了廉洁价值理念、廉洁行为方式、廉洁社会风尚等元素的一种文化形态。我们党在百余年管党治党实践中，始终高度重视对党员干部的廉洁文化熏陶和精神滋养。加强新时代廉洁文化建设，从中华优秀传统文化中探寻崇德尚廉、廉为政本、持廉守正等思想精华，从党的光荣传统和优良作风中传承清廉基因，从先进典范身上学习清廉正气，在全社会树立廉政典型，营造公道正派的社会氛围，以“润物细无声”的方式使广大党员干部在崇廉拒腐的良好风尚中形成不想腐的廉洁品德和行为自觉。

三 第八章“对违反廉洁纪律行为的处分”导读

违反廉洁纪律行为是指党组织和党员干部在从事党的工作中或者其他与行使职权有关的活动中，违反应当遵守的廉洁从政、廉洁用权的各种行为规范和规则，依照党内法规应当受到党的纪律追究的行为。《条例》第八章“对违反廉洁纪律行为的处分”共28条，增写1条，修改8条。本次修订从落实党的二十大通过的党章修订案这个源头出发，增写了“反对特权思想和特权现象”的内容；坚持问题导向，关注在执纪中发现的突出问题和新型违纪行为，明确违反廉洁纪律的具体行为；针对“退而不休”搞贪腐、谋私利等问题，完善对党员离岗后违规从业行为的处分规定；落实做廉洁齐家模范的要求，加强对党员领导干部亲友相关违规行为的规制等等，进一步解决了“四风”问题穿上“隐身衣”出现的发现难、定性难、查处难等隐形变异、手段升级等突出问题，展现了我们党以彻底的自我革命精神反对特权的一贯立场和政治本色。

条例原文

第九十四条　党员干部必须正确行使人民赋予的权力，清正廉洁，反对特权思想和特权现象，反对任何滥用职权、谋求私利的行为。

利用职权或者职务上的影响为他人谋取利益，本人的配偶、子女及其配偶等亲属和其他特定关系人收受对方财物，情节较重的，给予警告或者严重警告处分；情节严重的，给予撤销党内职务、留党察看或者开除党籍处分。

学习导读

本条是对党员干部廉洁自律要求的总体规定。在本条第一款“反对任何滥用职权、谋求私利的行为”之前，新增了“反对特权思想和特权现象”的内容，贯穿严明廉洁纪律全篇。本条充分展示了我们党反对特权、严惩腐败的鲜明态度

延伸阅读

特权思想和特权现象

特权思想和特权现象是同中国共产党的性质、宗旨、目标和人民群众的利益相违背的，是人民群众反对的突出问题，是滋生不正之风乃至腐败的“温床”。它突出地表现在以下方面：一是思想上的优越感，把自己与普通群众割裂开来，凌驾于普通群众之上；二是政治上的官僚化，独断专行，任人唯亲，形式主义严重；三是经济上的利益化，追求经济上的特权，将公共权力部门化私有化；四是生活上的特殊化，追求享受，突破现有制度标准，违规配备使用公车、违反规定装修办公用房、超面积使用办公室和配置高档办公用品、超标准公务接待等；五是社会待遇的递延化，利用职权影响，将占有的就业、教育、医疗资源递延给亲属或特定关系人。

和坚定决心，充分体现了我们党的性质宗旨和党的初心使命，为加强干部队伍建设进一步指明了方向。

以案说纪

河南省人大常委会原党组书记、副主任秦玉海存在挥霍浪费公共财产，特权思想严重，违反廉洁自律规定，违反中央八项规定等问题。秦玉海把云台山当作“私人领地”，2004年至2012年，在他的要求下，云台山公司先后动用100多万元公款为其购买摄影器材24件。2010年至2014年，秦玉海先后安排云台山公司花费166万元购买其摄影作品《真水》画册，花费14.5万元为其印制摄影作品挂历，为其结算照片冲洗费33万余元。秦玉海每次上山，各式陪同人员少则四五个，多则十几个，一行人均须以“贵宾”身份安排。尤为恶劣的是，在中央八项规定出台后的2013年1月至2014年7月，秦玉海仍然39次上云台山摄影，利用特权侵占公共利益，假公济私、损公肥私、收受贿赂，严重败坏了党的形象，损害了群众的根本利益。2015年2月，秦玉海受到开除党籍、开除公职处分。2016年11月，秦玉海被判处有期徒刑13年6个月，并处罚金200万元；对秦玉海受贿所得财物及其孳息予以追缴，上缴国库。

相关法规

《中国共产党廉洁自律准则》

《中国共产党党内监督条例》第五条

《关于新形势下党内政治生活的若干准则》

条例原文

第九十五条　相互利用职权或者职务上的影响为对方及其配偶、子女及其配偶等亲属、身边工作人员和其他特定关系人谋取利益搞权权交易的，给予警告或者严重警告处分；

情节较重的，给予撤销党内职务或者留党察看处分；情节严重的，给予开除党籍处分。

学习导读

本条是对2010年颁布的《中国共产党党员领导干部廉洁从政若干准则》中明令禁止“党员领导干部之间利用职权相互为对方配偶、子女及其配偶以及其他亲属经商、办企业提供便利条件”内容的补充和扩大，并明确了处分规定。本条明确违纪表现形式不再局限于为特定关系人经商、办企业提

延伸阅读

权权交易

权权交易是廉政语境下的一类腐败行为，其实质是公权力的私有化使用。搞权权交易行为，是指党和国家工作人员或者其他从事公务的人员中的党员，相互利用职权或者职务上的影响，为对方谋取利益的行为。该行为重点强调权力交易，也就是公职人员均未利用本人的职权直接获取利益，而是通过其他公职人员的职权间接获取利益，即相互利用权力为对方谋取利益，实际是通过各自权力的形式达成一种利益交换。这种行为双方虽没有直接获益，身边人却因此得益，本质上依然是公权私用、以权谋私，真正受损的是党和国家的利益。

供便利条件，而是扩大为自己以及特定关系人获取利益，包括相互提拔、录用、录取对方的亲属等。规定此条的目的是告诫广大党员干部切莫将手中的公权力与个人私利混为一谈，要始终坚持公权为民、一心为公。

以案说纪

江西省政府原党组成员、副省长李贻煌违反廉洁纪律，利用职权为亲友经营活动谋取利益，搞权权交易，利用国有企业的资源谋取私利。2004年至2017年，李贻煌利用担任江西铜业集团公司总经理、董事长，江西铜业股份有限公司总经理、董事长及江西省人民政府副省长等职务上的便利，为相关单位和个人在合作经营、股权转让、工程承揽和职务调整等事项上提供帮助，直接或通过他人，非法收受上述单位和个人给予的财物，折合人民币共计5119万余元，其中3546万余元系未遂。依据相关规定，经中央纪委常委会会议研究并报中共中央批准，决定给予李贻煌开除党籍处分；由国家监委给予其开除公职处分；收缴其违纪所得；将其涉嫌犯罪问题、线索及所涉款物移送有关国家机关依法处理。

相关法规

《中国共产党廉洁自律准则》

《中国共产党党内监督条例》

条例原文

第九十六条　纵容、默许配偶、子女及其配偶等亲属、身边工作人员和其他特定关系人利用党员干部本人职权或者职务上的影响谋取私利，情节较轻的，给予警告或者严重警告处分；情节较重的，给予撤销党内职务或者留党察看处分；情节严重的，给予开除党籍处分。

党员干部的配偶、子女及其配偶等亲属和其他特定关系人不实际工作而获取薪酬或者虽实际工作但领取明显超出同职级标准薪酬，党员干部知情未予纠正的，依照前款规定处理。

学习导读

本条明确了对党员干部利用手中职权或者职务上的影响千方百计“搭台子”为亲属、身边工作人员和其他特定关系人谋利行为的处分规定。规定本条的目的是提醒党员领导干部要加强对亲属子女严管严教，要求党员干部正确处理好公与私、严与爱的关系。这不仅仅是道德要求，更是政治要求、纪律要求。党员干部要带头发挥崇德治家、修身守正的示范作用，时刻警惕腐败之祸“不在颛臾，而在萧墙之内”，真正做到树好家风、管好家人、处好家事、建好家庭。

延伸阅读

纵容、默许配偶、子女及其配偶等亲属谋私利

纵容是指党员干部对其亲属、身边工作人员和其他特定关系人利用本人职权或者职务上的影响谋取私利的行为不加制止、放任不管。默许是指党员干部已经了解到亲属、身边工作人员和其他特定关系人在利用本人职权或者职务上的影响谋取私利，虽然没有明示同意，但是暗示许可。党员干部纵容、默许特定关系人利用自己的职务影响谋取私利，实际上是将党和人民赋予的权力变成谋私工具，将个人利益置于党、国家和人民利益之上，颠倒了公私、混淆了是非、模糊了义利，失去了人民公仆的本色与初心。

以案说纪

湖南省人民政府原参事王某纵容、默许妻儿打着自己的牌子到处打招呼、揽项目，妻子经营“小圈子”，儿子放肆“提篮子”，其涉嫌受贿的4500余万元，超过90%由其妻儿经手。王某妻子程某频繁游走于株洲、常德两地政商界，插手工程项目、干预组织人事，以致社会上一度传言“没有她不敢打的招呼、没有她不敢收的钱”。王某儿子也坦白，“通过我父亲的职权，获取了480万元的居间费，240万元给了我和我父亲”。王某还为外甥拉了价值近2亿元的项目，并把其当

成自己的“提款机”。该案中，王某及亲属共6人被留置，创下湖南省涉案亲属留置数之最。2023年9月，经湖南省纪委常委会会议研究并报湖南省委批准，决定给予王某开除党籍处分；由湖南省监委给予其开除公职处分；收缴其违纪违法所得；将其涉嫌犯罪问题移送检察机关依法审查起诉，所涉财物一并移送。

相关法规

《中国共产党廉洁自律准则》

《中国共产党党内监督条例》第五条

条例原文

第九十八条　向从事公务的人员及其配偶、子女及其配偶等亲属和其他特定关系人赠送明显超出正常礼尚往来的礼品、礼金、消费卡（券）和有价证券、股权、其他金融产品等财物，情节较重的，给予警告或者严重警告处分；情节严重的，给予撤销党内职务或者留党察看处分。

以讲课费、课题费、咨询费等名义变相送礼的，依照前款规定处理。

学习导读

本条细化完善了落实中央八项规定精神的纪律保障条

款，尤其是新增了以讲课费、课题费、咨询费等名义变相送礼属于违规违纪行为的规定。以讲课费、课题费、咨询费等名义变相送礼主要分为两种情况：一是讲课、咨询等不具备真实性，送礼方只是以讲课费、课题费、咨询费的名义行送礼之实；二是收礼方实际提供了劳务，但从必要性和合理性角度分析，有的确实没有必要，有的是有必要但支付的费用明显超出市场公允的价值。此外，要考虑所涉及钱款是不是公款、具体数额的支出标准是否明确等。规定本条的目的是

延伸阅读

判断是否“明显超出正常礼尚往来”

平等相待、有来有往，是礼尚往来的基本原则。依此，人情往来，包括礼金的多寡，应该对等、平等，才符合“礼尚往来”的本意。明显超出正常礼尚往来的判断依据如下：一看交往关系是否正常，是否有亲友、同学等关系，亲疏远近和日常交往情况；二看礼品礼金数额是否正常，综合衡量当地经济发展、生活水平、风俗习惯、个人经济能力、一般礼节性往来范围等因素作出判断；三看往来方式是否正常，正常人情往来多是双方互相往来，都有向对方馈赠礼物或其他财物的情形，如果是经常性单方面收受行为，不能算是正常的人情往来。公职人员违规收礼违反了中央八项规定精神，是纪检监察机关执纪执法的重点，必须严查严处。

严惩执纪发现的突出问题和新型违纪行为，释放出对穿着马甲的“四风”问题保持紧盯不放、寸步不让高压态势的鲜明信号。

以案说纪

上海市浦东新区某社区卫生服务中心主任顾某存在违规接受管理服务对象的宴请、违规收受讲课费等问题。2019年4月至2022年1月，顾某在本单位人员招录、招聘期间，先后3次接受应聘人员及其家人宴请；2018年至2019年，顾某接受与该社区卫生服务中心有业务往来的两家医药公司邀请，先后多次参与相关讲课和主持活动，收受两公司以“讲课费”名义所送礼金；顾某还存在其他违纪问题。2023年5月，顾某受到留党察看、政务撤职处分，违纪款予以收缴。

相关法规

《中国共产党廉洁自律准则》

《中国共产党党内监督条例》第五条

条例原文

第一百条　利用职权或者职务上的影响操办婚丧喜庆事宜，造成不良影响的，给予警告或者严重警告处分；情节严重的，给予撤销党内职务处分；借机敛财或者有其他侵犯国家、集体和人民利益行为的，从重或者加重处分，直至开除党籍。

学习导读

本条是将一些党员领导干部利用本人及本人亲属婚丧嫁娶、周年、满月、生日以及职务晋升、工作调动、外出学习、乔迁等名义操办宴请，引发群众不满等情况列为违反廉洁纪律行为。违规操办婚丧喜庆扭曲了正常的人际关系，助长了奢靡之风，严重破坏党风，影响了政风，带坏了民风，严重损害了党和政府在群众中的威信。

以案说纪

大连市普兰店区某局原党组书记、局长季某某违规收受礼品、礼金，违规操办婚丧喜庆，接受管理和服务对象宴请问题。2013 年至 2018 年，季某某借年节及其父病危、去世之机，多次收受管理和服务对象所送礼金、香烟、海鲜礼盒等折合人民币共计 62.8 万余元。2018 年 4 月，季某某为其女操办婚宴，收受管理和服务对象等所送礼金、租车服务等折合人民币共计 21.7 万元。2012 年至 2019 年，季某某多次接受管理和服务对象安排的宴请，相关费用由管理和服务对象支付。季某某还存在其他严重违纪违法问题。2024 年 1 月，季某某

延伸阅读

违规操办婚丧喜庆

党员干部与社会其他人员一样，遇有婚丧喜庆之事，祝贺或慰问本无可厚非。但一些正常的人情往来在一些特定的事项上被异化，有的领导干部借大办婚丧喜庆活动大肆敛财，甚至进行权钱交易。这种异化，一方面表现在操办婚丧喜庆活动越来越奢华，规模档次成为人们衡量其社会地位高低的标准；另一方面表现在礼金数额逐年增高，更严重的是，有的人利用领导干部办婚丧喜庆活动之机，以随礼之名行行贿之实，大大超出正常人情往来的范畴。

被开除党籍、取消退休待遇，涉嫌犯罪问题被移送检察机关依法审查起诉。

相关法规

《中国共产党廉洁自律准则》

《中国共产党党内监督条例》第五条

条例原文

第一百零一条　接受、提供可能影响公正执行公务的宴请或者旅游、健身、娱乐等活动安排，情节较重的，给予警告或者严重警告处分；情节严重的，给予撤销党内职务或者留党察看处分。

学习导读

本条对党员领导干部接受、提供宴请、旅游、健身、娱乐等活动是否涉嫌违纪等新情况、新问题作出了规定，再次强调党员领导干部在任何时候都不能接受、提供可能影响公正执行公务的宴请或者旅游、健身、娱乐等违反中央八项规定精神的活动安排。此条规定释放出党中央坚决整治违规接受、提供宴请或者旅游、健身、娱乐问题的强烈信号，展示了党对隐形变异问题创新监督方式精准识别和处置、对顶风违纪行为露头就打的决心，有助于形成不敢腐的强力震慑。

以案说纪

辽宁省某厅原巡视员杨某某违规收受礼品、礼金，接受可能影响公正执行公务的旅游安排，接受管理和服务对象房屋装修服务问题。2013 年至 2014 年，杨某某借乔迁及其母去世之机，多次收受管理和服务对象所送礼金、红木办公桌等折合人民币共计 22 万余元。2015 年至 2021 年，杨某某夫妇多次接受私营企业主安排，赴德国等地旅游，相关费用由私营企业主支付。2013 年，杨某某接受私营企业主提供的房屋装修服务，部分装修费用由私营企业主支付。杨某某还存在其他严重违纪违法问题。2024 年 2 月，杨某某被开除党

延伸阅读

违规接受、提供宴请或者旅游、健身、娱乐

违规接受、提供宴请或者旅游、健身、娱乐等活动安排行为，是指党和国家工作人员或者其他从事公务的人员中的党员，接受、提供可能影响公务执行的宴请、旅游、健身、娱乐等活动，情节较重的行为。这里的宴请包括在公务交往中的宴请和非公务交往中的宴请；可能影响公正执行公务的宴请或者旅游、健身、娱乐等活动安排，主要是指与执行公务相关联、与公正执行公务相冲突的宴请以及旅游、健身、娱乐等活动安排。接受这些活动安排行为，就有可能影响公正执行公务。这种“可能”，不以接受安排者的主观意愿为依据，而应由党组织根据客观情况分析判断。党员干部在任何时候都不能接受、提供可能影响公正执行公务的宴请或者旅游、健身、娱乐等活动安排，决不能心存侥幸、以身试法。

籍、取消退休待遇，涉嫌犯罪问题被移送检察机关依法审查起诉。

相关法规

《中国共产党廉洁自律准则》

《中国共产党党内监督条例》

《中华人民共和国公职人员政务处分法》第三十四条

条例原文

第一百零三条 违反有关规定从事营利活动，有下列行为之一，情节较轻的，给予警告或者严重警告处分；情节较重的，给予撤销党内职务或者留党察看处分；情节严重的，给予开除党籍处分：

（一）经商办企业；

（二）拥有非上市公司（企业）的股份或者证券；

（三）买卖股票或者进行其他证券投资；

（四）从事有偿中介活动；

（五）在国（境）外注册公司或者投资入股；

（六）其他违反有关规定从事营利活动的行为。

利用参与企业重组改制、定向增发、兼并投资、土地使用权出让等工作中掌握的信息买卖股票，利用职权或者职务上的影响通过购买信托产品、基金等方式非正常获利的，依照前款规定处理。

违反有关规定在经济组织、社会组织等单位中兼职，或者经批准兼职但获取薪酬、奖金、津贴等额外利益的，依照第一款规定处理。

学习导读

本条明确将违反有关规定经商办企业、拥有非上市公司

（企业）的股份或者证券、买卖股票或者进行其他证券投资、从事有偿中介活动、在国（境）外注册公司或者投资入股及其他违反有关规定从事营利活动的行为列为违反廉洁纪律行为，并明令禁止党员利用参与企业重组改制、定向增发、兼并投资、土地使用权出让等工作中掌握的信息买卖股票。本

延伸阅读

违规拥有非上市公司（企业）的股份或者证券

违规拥有非上市公司股权，是指股份持有人通过违规手段持有非上市公司股份并获得不正当利益的行为。非上市公司股份通常是指未在证券交易所上市交易的公司的股份，拥有非上市公司企业的股份或证券实际上是一种变相贿赂。是否违规拥有非上市公司（企业）的股份或者证券问题，关键要查清3对关系：一是股权代持人与领导干部的关系，通过查清股权代持人实际工作从业、相关资金流转、有关协议材料等，明确是否存在代持关系；二是领导干部与所涉公司及相关负责人的关系，查清领导干部入股原因、入股方式、股权分配方式，以及与所涉公司是否存在职务便利、谋利空间；三是股权分红和风险承担之间的关系，查清分红资金的体量和分配关系，确定领导干部是否只享受分红权益，不承担风险亏损，分红回报是否超出正常标准范围等。领导干部拥有非上市公司（企业）的股份或者证券、买卖股票或者进行其他证券投资行为侵犯职务廉洁性，必须精准识别严厉查处。

条是对《关于党政机关工作人员个人证券投资行为若干规定》的进一步强化。这一规定有助于维护市场运行的正常秩序，维护社会公平正义，避免营利活动中可能存在的权权交易、权钱交易等不正之风。

以案说纪

湖南省某市委原常委、市政府原常务副市长何某某违规经商办企业。2007 年至 2011 年，何某某在担任某高新区管委会主任、某市副市长期间，利用职权为 A 公司低价购地、享受优惠政策提供帮助，事后接受该公司无风险的固定回报机会，通过以妹夫徐某某名义入股方式接受该公司所送 287.1 万元。2018 年 9 月，何某某在担任常务副市长期间，安排妻子喻某某以朋友孙某某名义投资 50 万元购买某企业股份；2020 年 8 月，何某某安排妻子以外甥徐某名义投资 200 万元购买某企业股份；上述股权至何某某案发时尚未分红。何某某还存在其他严重违纪违法问题。2023 年 4 月，何某某受到开除党籍、开除公职处分，违纪违法所得被追缴，涉嫌犯罪问题被移送检察机关依法审查起诉。

相关法规

《中国共产党廉洁自律准则》

《中国共产党党内监督条例》

《关于党政机关工作人员个人证券投资行为若干规定》

条例原文

第一百零五条　离职或者退（离）休后违反有关规定接受原任职务管辖的地区和业务范围内或者与原工作业务直接相关的企业和中介机构等单位的聘用，或者个人从事与原任职务管辖业务或者与原工作业务直接相关的营利活动，情节较轻的，给予警告或者严重警告处分；情节较重的，给予撤销党内职务处分；情节严重的，给予留党察看处分。

党员领导干部离职或者退（离）休后违反有关规定担任上市公司、基金管理公司独立董事、独立监事等职务，情节较轻的，给予警告或者严重警告处分；情节较重的，给予撤销党内职务处分；情节严重的，给予留党察看处分。

学习导读

本条是关于党员领导干部职务后行为的禁止性规定。职务后行为是指党员干部离职或者退（离）休后违反有关规定从事原任管辖业务有关联性的营利性活动的行为。规定本条的目的是把从严管理干部贯彻落实到干部队伍建设全过程。党员领导干部离职或者退（离）休后，其原有职权或地位还会在一定范围、时期内产生影响，若党员领导干部离职后从事的劳务活动在一定时限内与其原工作业务直接相关，则会引发与其原有职权或地位的利益冲突，涉嫌违纪。

延伸阅读

离职党政干部劳务取酬行为的定性

党员领导干部既是社会公共事务的管理者和服务者，也是经济社会发展的建设者，党员领导干部离职后通过纪律法律允许的手段提供个人劳务行为取酬，是对市场经济建设的参与和支持，在不影响其原职务廉洁性的情况下，并不构成违纪违法。党员领导干部离职后其原有职权或地位还会在一定范围、时期内产生影响，因此，若党员领导干部离职后从事的劳务活动在一定时限内与其原工作业务直接相关，引发与其原有职权或地位的利益冲突；或者一些党员领导干部在离职后，虽在形式上约定通过个人劳务行为取酬，但实际却不提供劳务服务，仅是利用自己的影响力为他人谋取不正当利益，均涉嫌违纪；有些党员领导干部在职期间为他人谋取利益，当时没有收受“好处”，而是在离职后形式上约定为他人提供劳务服务，再以收取劳务报酬的方式将“好处”兑现，属于离职后受贿情形，涉嫌受贿犯罪；党员领导干部离职后的个人劳务取酬行为如何认定，关键看离职人员劳务行为是否违反有关规定，是否将原职务或者职权影响作为其谋利的资本。

以案说纪

江苏省南通市某中心主任屈某某利用职务上的便利，在2003年至2010年，为A公司在相关土地测绘业务承揽等方面谋取利益。2004年至2013年，屈某某收受该公司法定代表人蔡某所送钱款共计300万元。2014年2月，屈某某退休。2014年春节至2016年春节，屈某某在退休后违规收受A公司法定代表人蔡某所送茅台酒6瓶，2015年1月至2022年12月，屈某某未向其原所在单位报告，退休后在原任职务管辖的地区和业务范围内的企业任职，从事与原任职务管辖业务相关的营利活动，共计领取薪酬221万元。2023年12月5日，江苏省纪委监委派驻省自然资源厅纪检监察组对屈某某严重违纪问题立案审查。12月29日，经江苏省自然资源厅党组会议研究，决定给予屈某某开除党籍处分，按规定取消其退休待遇。2024年3月19日，人民法院判决屈某某犯受贿罪，判处有期徒刑10年6个月，并处罚金50万元。

相关法规

《中国共产党廉洁自律准则》

《中国共产党党内监督条例》第五条

《中华人民共和国公职人员政务处分法》第三十三条

条例原文

第一百零六条　离职或者退（离）休后利用原职权或者职务上的影响，为配偶、子女及其配偶等亲属和其他特定关系人从事经营活动谋取利益，情节较轻的，给予警告或者严重警告处分；情节较重的，给予撤销党内职务或者留党察看处分；情节严重的，给予开除党籍处分。

离职或者退（离）休后利用原职权或者职务上的影响为他人谋取利益，本人的配偶、子女及其配偶等亲属和其他特定关系人收受对方财物，情节较重的，给予警告或者严重警告处分；情节严重的，给予撤销党内职务、留党察看或者开除党籍处分。

学习导读

本条为新增条款，将离职或者退（离）休后利用原职权职务为亲友谋利或者通过为他人谋利亲友收受对方财物的行为列为违反廉洁纪律的行为。规定本条的目的旨在强调，党员干部在职时不能滥用职权、谋取私利，退休后同样要恪守党性原则、严守党纪法规，明确什么“可为”、什么“不可为”，自觉在受监督和约束的环境中工作生活，杜绝在位不收退休收，利用退休“打掩护”，上演“期权式腐败”。

延伸阅读

离职或退（离）休后利用原职权或者职务上的影响为亲属谋利

离职或退（离）休后利用原职权或者职务上的影响为亲属谋利，是指党员领导干部退（离）休后，利用职员职权或者职务上的影响，为配偶、子女及其配偶等亲属和其他特定关系人从事经营活动谋取利益，或者利用原职权或者职务上的影响，为他人谋取利益，本人的配偶、子女及其配偶等亲属和其他特定关系人收受对方财物的行为。中共中央办公厅印发的《关于加强新时代离退休干部党的建设工作的意见》明确提出，离（退）休党员干部特别是担任过领导职务的党员干部，要严守有关纪律规矩，不得利用原职权或职务上的影响为自己或他人谋取利益。《中华人民共和国公务员法》《关于进一步规范党政领导干部在企业兼职（任职）问题的意见》中明确了“三年两不准”，即党政领导干部辞去公职或者退（离）休后三年内，不得到本人原任职务管辖的地区和业务范围内的企业兼职（任职），也不得从事与原任职务管辖业务相关的营利性活动。

以案说纪

2011 年 12 月，安徽省国土资源厅正厅级巡视员杨某某正式办理了退休手续。然而，对权力恋恋不舍的他，仍担任安徽省矿业评估师协会会长。该协会由安徽省国土资源厅主管，本是非营利性的行业社团组织，不具有审批权，但退休前“说一不二”的杨某某，早已将矿权审批的部分事项交由协会办理。“小国土厅”，是杨某某任会长期间人们对协会的别称。“岗位退休、权力未退”，杨某某利用安徽省矿业评估师协会会长的头衔大肆敛财。此外，他还存在其他严重违纪违法问题。2014 年 11 月，退休 3 年后的杨某某被开除党籍，此后被判处无期徒刑，没收个人全部财产。

相关法规

《中国共产党廉洁自律准则》

《中国共产党党内监督条例》

条例原文

第一百零七条　党员领导干部的配偶、子女及其配偶，违反有关规定在该党员领导干部管辖的地区和业务范围内从事可能影响其公正执行公务的经营活动，或者有其他违反经商办企业禁业规定行为的，该党员领导干部应当按照规定予以纠正；拒不纠正的，其本人应当辞去现任职务或者由组织予以调整职务；不辞去现任职务或者不服从组织调整职务的，给予撤销党内职务处分。

学习导读

本条为新增规定，完善了党员领导干部拒不纠正亲属违规从事经营活动、经商办企业等行为的处分规定。其中“违反经商办企业禁业规定”主要衔接的是2022年中共中央办公厅印发的《领导干部配偶、子女及其配偶经商办企业管理规定》。本条是对上述规定的延伸，是对从严管党治党经验的总结吸收，充分体现了制度与时俱进的实践要求，有利于发挥纪律建设标本兼治的利器作用，让反复发作的老问题逐渐减少、新出

延伸阅读

违反经商办企业禁业规定

党员领导干部配偶、子女及其配偶违反经商办企业禁业规定，是指党员领导干部的配偶、子女及其配偶违反有关规定，在该党员领导干部管辖的地区和业务范围内从事可能影响其公正执行公务的经营活动，或者有其他违反经营办企业禁业规定的行为。2022年印发的《领导干部配偶、子女及其配偶经商办企业管理规定》对不同层级、不同类别领导干部配偶、子女及其配偶经商办企业分别提出了禁业要求。党员领导干部配偶、子女及其配偶违反经商办企业禁业规定的背后的权钱交易、利益交换等操作手法不断翻新，呈现出新型腐败和隐性腐败相互交织、表现形式多样化的特点。

现的问题难以蔓延。

以案说纪

安徽省供销社某处处长、机关某支部书记王某某违规兼职取酬、允许配偶在其分管范围内经商办企业问题。2011 年 3 月至 2013 年 7 月，王某某根据党组安排，兼任 A 公司董事，违规领取董事津补贴 10.4 万元。2012 年 6 月，王某某在担任 B 公司董事期间，其爱人侯某某任法人代表的 C 公司向 B 公司参股的子公司 D 公司入股 500 万元，2012 年、2013 年共计获得公司分红 175 万元。2014 年 12 月，C 公司将持有的 D 公司股份以原价转让，同时退回了分红款。王某某退回了已领取的 10.4 万元董事津贴，受到党内严重警告处分。

相关法规

《中国共产党廉洁自律准则》

《中国共产党党内监督条例》

《领导干部配偶、子女及其配偶经商办企业管理规定》

四 违反廉洁纪律的行为

廉洁纪律“负面清单”

利用职权或者职务上的影响为他人谋取利益，本人的配偶、子女及其配偶等亲属和其他特定关系人收受对方财物。

相互利用职权或者职务上的影响为对方及其配偶、子女及其配偶等亲属、身边工作人员和其他特定关系人谋取利益搞权权交易的。

纵容、默许配偶、子女及其配偶等亲属、身边工作人员和其他特定关系人利用党员干部本人职权或者职务上的影响谋取私利。党员干部的配偶、子女及其配偶等亲属和其他特定关系人不实际工作而获取薪酬或者虽实际工作但领取明显超出同职级标准薪酬，党员干部知情未予纠正的。

收受可能影响公正执行公务的礼品、礼金、消费卡（券）和有价证券、股权、其他金融产品等财物。收受其他明显超出正常礼尚往来的财物的。

向从事公务的人员及其配偶、子女及其配偶等亲属和其他特定关系人赠送明显超出正常礼尚往来的礼品、礼金、消费卡（券）和有价证券、股权、其他金融产品等财物。以讲课费、课题费、咨询费等名义变相送礼的。

借用管理和服务对象的钱款、住房、车辆等，可能影响公正执行公务。通过民间借贷等金融活动获取大额回报，可能影响公正执行公务的。

利用职权或者职务上的影响操办婚丧喜庆事宜，造成不良影响的；借机敛财或者有其他侵犯国家、集体和人民利益行为的。

接受、提供可能影响公正执行公务的宴请或者旅游、健身、娱乐等活动安排。

违反有关规定取得、持有、实际使用运动健身卡、会所和俱乐部会员卡、高尔夫球卡等各种消费卡（券），或者违反有关规定出入私人会所。

违反有关规定从事营利活动，经商办企业；拥有非上市公司（企业）的股份或者证券；买卖股票或者进行其他证券投资；从事有偿中介活动；在国（境）外注册公司或者投资入股；其他违反有关规定从事营利活动的行为。利用参与企业重组改制、定向增发、兼并投资、土地使用权出让等工作中掌握的信息买卖股票，利用职权或者职务上的影响通过购买信托产品、基金等方式非正常获利的。违反有关规定在经济组织、社会组织等单位中兼职，或者经批准兼职但获取薪酬、奖金、津贴等额外利益的。

利用职权或者职务上的影响，为配偶、子女及其配偶等亲属和其他特定关系人在审批监管、资源开发、金融信贷、大宗采购、土地使用权出让、房地产开发、工程招投标以及公共财政收支等方面谋取利益。利用职权或者职务上的影响，为配偶、子女及其配偶等亲属和其他特定关系人吸收存款、推销金融产品、经营名贵特产类特殊资源等提供帮助谋取利益的。

离职或者退（离）休后违反有关规定接受原任职务管辖的地区和业务范围内或者与原工作业务直接相关的企业和中介机构等单位的聘用，或者个人从事与原任职务管辖业务或者与原工作业务直接相关的营利活动。党员领导干部离职或者退（离）休后违反有关规定担任上市公司、基金管理公司独立董事、独立监事等职务。

离职或者退（离）休后利用原职权或者职务上的影响，为配偶、子女及其配偶等亲属和其他特定关系人从事经营活动谋取利益。离职或者退（离）休后利用原职权或者职务上的影响为他人谋取利益，本人的配偶、子女及其配偶等亲属和其他特定关系人收受对方财物。

党员领导干部的配偶、子女及其配偶，违反有关规定在该党员领导干部管辖的地区和业务范围内从事可能影响其公正执行公务的经营活动，或者有其他违反经商办企业禁业规定行为的。

党和国家机关违反有关规定经商办企业的。

党员领导干部违反工作、生活保障制度，在交通、医疗、警卫等方面为本人、配偶、子女及其配偶等亲属、身边工作人员和其他特定关系人谋求特殊待遇。

在分配、购买住房中侵犯国家、集体利益。

利用职权或者职务上的影响，侵占非本人经管的公私财物，或者以象征性地支付钱款等方式侵占公私财物，或者无偿、象征性地支付报酬接受服务、使用劳务。利用职权或者职务上的影响，将应当由本人、配偶、子女及其配偶等亲属、身边工作人员和其他特定关系人个人支付的费用，由下属单位、其他单位或者他人支付、报销的。

利用职权或者职务上的影响，违反有关规定占用公物归个人使用，时间超过6个月。占用公物进行营利活动的。将公物借给他人进行营利活动的。

违反有关规定组织、参加用公款支付的宴请、娱乐、健身活动，或者用公款购买赠送或者发放礼品、消费卡（券）等。

违反有关规定自定薪酬或者滥发津贴、补贴、奖金、福利等。

公款旅游或者以学习培训、考察调研、职工疗养等为名变相公款旅游；改变公务行程，借机旅游；参加所管理企业、下属单位组织的考察活动，借机旅游。以考察、学习、培训、研讨、招商、参展等名义变相用公款出国（境）旅游。

违反接待管理规定，超标准、超范围接待或者借机大吃大喝。

违反有关规定配备、购买、更换、装饰、使用公务

交通工具或者有其他违反公务交通工具管理规定的行为。

违反会议活动管理规定，到禁止召开会议的风景名胜区开会；决定或者批准举办各类节会、庆典活动；其他违反会议活动管理规定行为。擅自举办评比达标表彰、创建示范活动或者借评比达标表彰、创建示范活动收取费用的。

违反办公用房管理等规定，决定或者批准兴建、装修办公楼、培训中心等楼堂馆所；超标准配备、使用办公用房；未经批准租用、借用办公用房；用公款包租、占用客房或者其他场所供个人使用；其他违反办公用房管理等规定行为。

搞权色交易或者给予财物搞钱色交易的。

有其他违反廉洁纪律规定行为的。

第六章

严明群众纪律，密切党同人民群众的血肉联系

密切联系群众是我们党的最大政治优势。党在任何时候都应把群众利益放在第一位，同群众同甘共苦，保持最密切的联系。密切联系群众的关键，就是严明群众纪律。严明群众纪律，是践行党的初心使命的必然要求。检验一名党员干部是不是脱离了群众、忘记了初心，很重要的一点就是看他能不能做到严守群众纪律。

一 为什么必须严明群众纪律

党的群众纪律是党的各级组织和全体党员坚持以人民为中心的发展思想和处理党群关系时必须遵守的行为规则，其本质要求是践行党的根本宗旨，贯彻党的群众路线。严明群众纪律，不仅是对我们党优良传统的继承和发扬，也是全面从严治党向基层延伸的有效举措，更是切实提升人民群众获得感幸福感安全感的重要保障。

严明群众纪律是践行党的根本宗旨的重要体现。全心全意为人民服务是我们党的根本宗旨。严明群众纪律就是这一宗旨在实际工作中的具体体现，本质上就是要把人民群众放在心中最高的位置，把实现好、维护好、发展好最广大人民群众的根本利益作为衡量一切工作得失的根本标准。

严明群众纪律是执行党的群众路线的重要保证。走好群众路线，关键在于严明群众纪律。群众纪律就是我们党践行群众路线、落实群众工作的规范性要求。只有严明群众纪律，才能赢得人民信任和支持，凝聚人民群众力量，巩固党的执政基础和执政地位。

严明群众纪律是克服脱离群众危险的重要方法。脱离群众危险是我们党执政后的最大危险。群众纪律执行得好坏，直接影响到党群关系，进而影响党的事业。严明群众纪律就是要认清人民群众反对什么、痛恨什么，进而我们就要坚决防范和纠正什么，以此化解矛盾、解决问题，密切党群关系。

延伸阅读

党的群众路线

党的群众路线是我们党的生命线和根本工作路线。我们党百余年辉煌历程，党的群众路线始终贯穿其中。自 20 世纪 20 年代明确提出“群众路线”概念后，其内涵不断丰富和发展。党的七大首次将群众路线上升为党的根本政治路线和组织路线，党的八大首次将群众路线写入党章。改革开放后，群众路线的内容不断调整完善。党的十四大作出了最为清晰准确的界定，即“一切为了群众，一切依靠群众，从群众中来，到群众中去，把党的正确主张变为群众的自觉行动”。党的十八大以来，以习近平同志为核心的党中央把坚持和贯彻党的群众路线放在更重要、更突出的位置上，把党的群众路线作为全面从严治党的重要抓手。习近平总书记在党的二十大报告中多次提及“人民”，突出强调要始终坚定人民至上的立场，密切党同人民群众的血肉联系。新时期新征程上，群众路线也必将在以人民为中心的发展思想指引下与时俱进、创新发展。

二 如何严明群众纪律

“深入基层不放松，立根原在群众中。千磨万击还坚劲，任尔东西南北风。”这是习近平总书记在总结七年知青岁月时的感言。严明党的群众纪律，坚持以人民为中心的发展思想，就要求党员干部时刻与人民群众保持血肉联系，在实际工作中扎根群众。

严明群众纪律，应牢记初心，一切为了群众。党自创立以来，就明确了为人民谋幸福、为民族谋复兴的历史使命。严明群众纪律，就要坚定群众立场，树牢服务意识，在工作中始终把人民群众挂在心头，念在心里；增强群众感情，涵养为民情怀，把自己当作群众的一员，把群众的事当作自己的事，与群众多沟通、多交流，做群众的“贴心人”。

严明群众纪律，应凝聚力量，一切依靠群众。党的力量在人民，党的根基在人民，党的血脉在人民。严明群众纪律，就要发挥人民群众的主体作用和力量优势，在工作中深入基层，贴近群众，注重调查研究，善于倾听群众意见，接受群众的批评和监督，严格规范自身行为，防微杜渐，慎终如始。

严明群众纪律，应知行合一，一切服务群众。严明群众纪律，就要将服务群众落到实处，要根据新时代新形势的发展不断完善党的群众纪律要求，加强党性修养，改进工作作风，厘清工作责任，突出问题导向，坚决纠治形式主义、官僚主义顽瘴痼疾，惩治损害群众利益的腐败行为和不正之风。

三 第九章“对违反群众纪律行为的处分”导读

违反群众纪律行为是指各级党组织和全体党员在从事党的工作中或者其他与行使职权有关的活动中，违反党内法规以及国家法律法规中所规定的有关联系群众、服务群众等群众工作中必须遵循的行为规范和规则，依照党内法规规定应当受到党的纪律追究的行为。《条例》第九章“对违反群众纪律行为的处分”共 8 条，删减 1 条，修改 3 条。本章对于侵害群众利益行为、漠视群众利益行为、侵占群众知情权等行为作出相应处分规定。

条例原文

第一百二十二条　有下列行为之一，对直接责任者和领导责任者，情节较轻的，给予警告或者严重警告处分；情节较重的，给予撤销党内职务或者留党察看处分；情节严重的，给予开除党籍处分：

（一）超标准、超范围向群众筹资筹劳、摊派费用，加重群众负担；

（二）违反有关规定扣留、收缴群众款物或者处罚群众；

（三）克扣群众财物，或者违反有关规定拖欠群众钱款；

（四）在管理、服务活动中违反有关规定收取费用；

（五）在办理涉及群众事务时刁难群众、吃拿卡要；

（六）其他侵害群众利益行为。

在乡村振兴领域有上述行为的，从重或者加重处分。

学习导读

本条主要是针对各级党组织和党员干部出现上述所列6类侵害群众利益行为时对直接责任者和领导责任者所作的处分规定。为落实推进乡村全面振兴要求，本条将“扶贫领域”新修订为“乡村振兴领域”，并强调对违纪行为从重或者加重处分，既体现了群众纪律适应新时期社会经济发展的要求，又彰显了党和国家在实施乡村振兴战略部署时对党员干部提

延伸阅读

乱摊派

乱摊派是指政府部门或社会组织在国家法律法规和有关规定之外，要求有关单位或个人无偿地、非自愿地提供财力、物力和人力的行为。乱摊派本质上是政府部门或社会组织滥用权力、以权谋私的行为，直接侵害群众利益，严重破坏党和政府的形象。为解决乱摊派造成的群众负担过重情况，早在 1982 年国务院就出台了相关规定，要求“对不合理摊派应予取消”。1990 年 9 月印发的《中共中央、国务院关于坚决制止乱收费、乱罚款和各种摊派的决定》明确规定，“任何地方、部门和单位都不得以赞助、捐赠等为名变相向行政事业单位、企业和个人摊派”，并为解决各种乱摊派问题从 10 个方面提出了综合治理途径。

出了更高的标准和要求，以及对乡村振兴领域存在的不正之风和突出问题从严整治的决心。

以案说纪

2021 年 9 月，河北省霸州市违规出台非税收入考核办法，之后为弥补财力紧张及不合理支出等产生的缺口，向下辖 15 个乡镇（街道、开发区）下达了非税收入任务，并采取多种督导措施，违规向企业乱收费、对企业集中开展逐利式乱检查乱罚款、盲目提出超高任务向村街企业乱摊派，仅用 67 天罚没收入就达 6700 多万元，引起当地企业和群众的强烈不满，严重侵害了广大中小微企业的切身利益，严重破坏了当地营商环境。霸州市严重违反了党中央、国务院禁止乱收费、乱罚款、乱摊派的相关规定，严重影响党和政府形象。经查，对霸州市 15 个乡镇（街道、开发区）的 31 名党政主要负责人或直接责任人给予撤销党内职务、党内严重警告、党内警告处分或批评教育。

相关法规

《行政机关公务员处分条例》第二十五条

《农村基层干部廉洁履行职责若干规定（试行）》第五条

条例原文

第一百二十三条　干涉生产经营自主权，致使群众财产遭受较大损失的，对直接责任者和领导责任者，给予警告或者严重警告处分；情节严重的，给予撤销党内职务或者留党察看处分。

学习导读

本条主要是针对各级党组织和党员干部以行政命令代替群众自主经营、发生侵害群众利益的行为时对直接责任者和领导责任者所作出的处分规定。在现实工作中，部分党员干部不能尊重人民群众意愿，忽略人民群众主动性和创造性，通过简单粗暴的指令性计划推进工作、大包大揽地无端干涉人民群众自主经营权，严重压制群众生产经营积极性，违背市场经济发展规律。该条规定有利于遏制此类行为的发生，并使各级党组织和党员干部引以为戒，应以市场需求为导向，遵循经济规律，采取典型引路、试验示范等方式鼓励人民群众积极开展生产经营活动。

延伸阅读

干涉生产经营自主权

生产经营自主权是指自然人、法人在不违反国家法律法规的基础上所拥有的自由调配使用人力、物力、财力，自行组织生产经营的权利。它是人民群众依法享有的权利，任何单位和个人都只能因势利导，不得无端干涉。干涉生产经营自主权，是指党和国家工作人员或者其他从事公务的党员干部利用职权，对群众生产经营横加干涉的行为。表现形式有二：一是干涉人民群众自主安排的生产经营项目，如要求农民将水稻推掉改种苹果；二是强迫人民群众购买指定的生产资料或者按指定的渠道销售产品。这些行为往往违背了群众的自主意愿，即使是出于善意，也会“好心办坏事”，致使群众财产遭受较大损失。

以案说纪

2018年，河南省濮阳市台前县某乡政府在某村发展小龙虾养殖产业，由乡政府工作人员张某某负责协调建设。项目建成后，张某某利用职务便利插手项目后期管理，干涉合作社生产经营自主权，阻止对外销售小龙虾。因错过最佳销售时间，合作社生产积极性受到极大影响，造成小龙虾大量死亡，合作社亏损3万元，从而未能按照协议向该村缴纳固定收益，导致该项目未能发挥扶贫作用。2020年4月，张某某受到党内警告处分。

相关法规

《农村基层干部廉洁履行职责若干规定（试行）》第一条

《中华人民共和国农业技术推广法》第三十六条、第三十七条

条例原文

第一百二十四条　在社会保障、社会救助、政策扶持、救灾救济款物分配等事项中优亲厚友、明显有失公平的，给予警告或者严重警告处分；情节较重的，给予撤销党内职务或者留党察看处分；情节严重的，给予开除党籍处分。

学习导读

本条是针对各级党组织和全体党员在民生领域存在优亲厚友、明显有失公平的行为而作出的相应处分。为做好脱贫攻坚与乡村振兴战略的衔接，本条删掉了原有“扶贫脱贫”内容，充实了党员在“社会救助”中“优亲厚友、明显有失公平”的处分规定。优亲厚友是指部分党员模糊公私界限，不能正确处理亲朋好友与一般群众的关系，为亲朋好友争取不当利益，侵害群众利益，有悖公平目标的行为。特别要注

延伸阅读

社会救助

社会救助是指国家和社会对由于各种原因而陷入生存困境的公民，给予财物接济和生活扶助，以保障其最低生活需要的制度。社会救助是我们党和政府兜底线、救急难、保民生、促公平的基础性制度安排，是我们党全心全意为人民服务的根本宗旨和社会主义制度根本性质的集中体现。为推进社会救助法治化建设，2014 年国务院颁布的《社会救助暂行办法》，用行政法规的形式编织兜住困难群众基本生活的安全网。健全分层分类的社会救助制度体系，是当前巩固脱贫攻坚胜利成果，切实维护乡村振兴战略的有效措施，也是构建中国特色的社会救助体系的必然趋势。

意的是，该条中认定违纪行为必须存在“明显有失公平”的行为。也就是说，救助政策执行过程与目标之间存在明显偏差，如让不符合帮扶条件的对象得到了帮扶，致使应该帮扶的对象没有得到帮扶，或者在同等条件下，发放款物的数量或价值悬殊，存在明显不公平、不公正的情况。

以案说纪

2019 年，湖北省襄阳市老河口市张集镇某村原党支部副书记、会计张某某利用自己负责本村水稻保险征收、汇总、上报、理赔等具体工作的便利和职务影响，采取虚报水稻损失方式，违规为亲属好友谋取超额保险理赔。2021 年 12 月，张某某受到党内严重警告处分。老河口市薛集镇某村原党支部书记、主任王某某在 2019 年至 2020 年连续两年的受灾人员冬春生活救助资金分配中，为了照顾自己近亲属和村组干部，利用工作职务便利，违规将 11 户村组干部和近亲属优先上报，违规享受冬春生活救助资金。连同其他违纪问题，王某某于 2022 年 6 月受到党内严重警告处分。

相关法规

《中国共产党问责条例》

《农村基层干部廉洁履行职责若干规定（试行）》第三条

条例原文

第一百二十五条　利用宗族或者黑恶势力等欺压群众，或者纵容涉黑涉恶活动、为黑恶势力充当“保护伞”的，给予撤销党内职务或者留党察看处分；情节严重的，给予开除党籍处分。

学习导读

本条主要是针对各级党组织及其党员利用宗族或者黑恶势力欺压群众，或者充当涉黑涉恶活动及其势力背后“保护伞”所作的处分规定。“黑”指的是黑社会性质组织；“恶”指的是恶势力。现实生活中，该条规定违纪行为主要表现在两个方面：一是部分党员与涉黑涉恶团伙骨干结为利益“兄弟”，借助职务影响力欺压群众，谋取私利；二是收受好处，利用自身职务之便，为黑恶势力通风报信、提供逃避法律制裁的便利。这些行为纵容了黑恶势力坐大，助长了黑恶势力的气焰。扫黑除恶是稳定社会大局的关键，党和政府必须始终保持高压态势，对于违反上述规定的人员，必须重拳出击、严肃查处，严惩不贷。

以案说纪

2016 年至 2018 年，时任陕西省某市委常委、市纪委书

延伸阅读

黑恶势力“保护伞”

黑恶势力“保护伞”，主要是指国家公职人员利用手中权力，参与涉黑涉恶违法犯罪，或包庇、纵容黑恶犯罪、有案不立、立案不查、查案不力，为黑恶势力违法犯罪提供便利条件，帮助黑恶势力逃避惩处等行为。黑恶势力“保护伞”主要有15种类型：出资分红型、纵容包庇型、阻挠查处型、站台撑腰型、打击报复型、有案不查型、通风报信型、开脱罪责型、枉法裁判型、追赃不力型、串通案情型、违规吃请型、违规减刑型、帮人说情型、打击不力型。2018年，中共中央、国务院发出《关于开展扫黑除恶专项斗争的通知》，决定在全国开展扫黑除恶专项斗争。扫黑除恶不易，破网打伞更难，对于涉黑涉恶案件，一律要深挖背后腐败问题，对黑恶势力“关系网”“保护伞”一律一查到底、决不姑息。

记、市监委主任的权某某，利用职务之便，干预公安机关有关涉黑涉恶案件办理，为多名涉黑涉恶犯罪人员提供保护。2018年8月，公安局对以吴某某为首的黑社会性质组织犯罪团伙人员予以拘留，权某某多次要求公安局相关领导释放吴某某或者降格处理。涉恶犯罪人员张某某，因涉嫌非法放贷、非法拘禁犯罪被公安局立案侦查，后在权某某的干预下，该案一直被搁置。2019年5月，权某某还利用职权，为涉恶犯罪人员李某等人在争夺兴平市某大厦产权时提供帮助。2019年9月，权某某因还存在其他严重违纪违法问题，受到开除党籍、开除公职处分，涉嫌犯罪问题移送检察机关依法审查起诉。

相关法规

《农村基层干部廉洁履行职责若干规定（试行）》第八条

《中华人民共和国反有组织犯罪法》第五十条、第六十六条

条例原文

第一百二十六条　有下列行为之一，对直接责任者和领导责任者，情节较重的，给予警告或者严重警告处分；情节严重的，给予撤销党内职务或者留党察看处分：

（一）对涉及群众生产、生活等切身利益的问题依照政策或者有关规定能解决而不及时解决，庸懒无为、效率低下，造成不良影响；

（二）对符合政策的群众诉求消极应付、推诿扯皮，损害党群、干群关系；

（三）对待群众态度恶劣、简单粗暴，造成不良影响；

（四）弄虚作假，欺上瞒下，损害群众利益；

（五）其他不作为、乱作为、慢作为、假作为等损害群众利益行为。

学习导读

本条主要是针对各级党组织和党员干部的不作为、乱作为、慢作为、假作为等损害群众利益行为的直接责任者和领导责任者所作出的处分规定。与不作为、乱作为相比，慢作为、假作为更具有隐蔽性特点，有的党员干部在“多做多错、少做少错、不做不错”的思想支配下，在责任担当面前“撂挑子”“踢皮球”，这种行为更值得我们警惕。党的事业发展靠的是实实在在的效果，慢作为、假作为的消极怠政的行为不仅忽视群众诉求、破坏党群干群关系，而且会污染政治生态环境，助长不良风气滋生。对于这种严重背离我们党根本宗旨的行为必须予以党纪处分。

以案说纪

2018年，甘肃全省58个连片特困县中，52个县饮水安全都存在问题。有的县饮水安全问题长期存在、久拖不决，有的县饮水安全问题边整治边发生，反复出现，严重损害群众利益。即使问题凸显，甘肃省水利厅党组既没有专题研究过农村饮水安全工作，更没有定期分析研判和督促整改、落地见效的工作机制，工作指导缺乏针对性、有效性。2019年在开展2018年度全省农村饮水安全工作成效考核中，甘肃省水利厅流于形式，给参加考核的13个市（州）全部打了满分，给75

延伸阅读

不作为、乱作为、慢作为、假作为

“不作为”是指组织工作人员或党员干部应当履行而不履行其法定职责，造成“缺位”的行为；“乱作为”是指组织工作人员或党员干部错误履行其法定职责，造成“错位”“越位”的行为；“慢作为”是指组织工作人员或党员干部对应该履行的法定职责，无正当理由故意拖延、消极应付；“假作为”是指组织工作人员或党员干部欺上瞒下、弄虚作假、装样做事。不作为、乱作为、慢作为、假作为，其根本原因就是党员干部理想信念动摇、宗旨意识和责任意识淡薄、缺乏群众观念和群众感情，缺乏勇于担当的勇气。这不仅是作风问题、能力问题，而且是政治问题、党性问题。当干部就要有担当，干字当头，既要想干愿意干积极干，又要能干会干善于干。对于不作为、乱作为、慢作为、假作为这种拈轻怕重、敷衍塞责、得过且过的消极现象要严肃整治。

个贫困县（市、区）中的 42 个打了满分，严重脱离实际。此外，甘肃省水利厅还存在对贫困地区农村供水工程项目设计评估审查不严、工程建设监管缺位、水质检测业务滞后等问题。2019 年 7 月，甘肃省水利厅党组被责令作出书面检查，并召开专题民主生活会，反思整改突出问题；原党组书记、厅长魏某某等 4 名直接责任者和领导责任者因在农村饮水安全工作中不作为、乱作为、慢作为、假作为的行为受到党纪政纪处分。

相关法规

《中国共产党问责条例》

《行政机关公务员处分条例》第二十八条

《农村基层干部廉洁履行职责若干规定（试行）》第三条

条例原文

第一百二十七条　遇到国家财产和群众生命财产受到严重威胁时，能救而不救，情节较重的，给予警告、严重警告或者撤销党内职务处分；情节严重的，给予留党察看或者开除党籍处分。

学习导读

本条是针对党员干部在国家财产和群众生命财产遭受威胁时能救而不救的行为的纪律处分规定。该条规定中违纪构成必须同时具备两个条件：一是确实存在国家财产和群众生命财产受到严重威胁的情况，如因地震、洪水等自然灾害或由人为因素引发的诸如生产事故、意外、犯罪等情况而使生命财产确实存在紧迫的危险；二是违纪主体在客观上要具备“能救”的可能，即要有施救的能力或条件。相较于普通群众，党员干部是具有特定身份、特定职责、特定义务的，“为党和人民牺牲一切”不仅仅是党员干部的

延伸阅读

能救而不救

能救而不救，顾名思义，就是指对生命财产处于危险状态中而急需给予救助的人，明知给予救助对自己或他人无严重危险，却不给予救助或不将急需救助的情况向主管机关或主管人员报告的行为。其具体表现形式包括不救助行为、不报告行为、不协助行为等。与普通群众相比，党员干部具有特殊身份，其所担负的社会责任也要比普通群众大，换句话说，党员干部要比普通群众多了一份责任和义务，少了一份自由和权利。因此，对于党员干部来说，在面对他人处于危难境地，而不履行救助义务或拒不履行救助义务的不作为行为，不仅会受到道德谴责，也会受到党纪处分。

个人道德问题，更是党员的责任和使命，这种责任感要求在关键时刻、危急关头，党员干部必须站得出来、豁得出去，尽心尽力、想方设法，保护国家财产和群众的生命财产安全不受损害。

以案说纪

2001 年 10 月 31 日，时任宁夏某市副市长王某某带领农田水利基本建设检查验收组到县里检查工作。检查组一行 35 人，分乘 8 辆小轿车。当检查组第二辆车过桥时，刚上初一、年仅12岁的女中学生王某骑自行车迎面而来。因桥已过大半，为了给快速开来的汽车让路，王某急忙下车，结果站立不稳，连人带车掉入湍急的渠水中，第二辆车上有4人下车查看。这时，王某某所乘第三辆车已经赶到，当他看到王某在距落水处三四十米远的地方翻滚时，他也仅仅是喊渠对面的一个农民救人。整个车队在王某落水后停留了几十分钟，却始终站在岸边观望，没有一人下水救人，甚至在王某下落不明的情况下就匆忙乘车离开现场。最终，王某不幸溺水死亡。2001年12月，王某某等5名党员干部受到党纪政纪处分。

相关法规

《中国共产党章程》总纲

《中国共产党廉洁自律准则》

《关于新形势下党内政治生活的若干准则》

条例原文

第一百二十八条　不按照规定公开党务、政务、厂务、村（居）务等，侵犯群众知情权，对直接责任者和领导责任者，情节较重的，给予警告或者严重警告处分；情节严重的，给予撤销党内职务或者留党察看处分。

学习导读

本条主要是针对各级党组织和党员干部不能按照规定公开党务、政务、厂务、村（居）务等而侵犯群众知情权的行为给予直接责任者和领导责任者相应的处分规定。党务、政务、厂务、村（居）务公开是指相关组织通过一定的途径将自身有关信息公开向群众提供，以便群众可以参与社会管理和社会服务，从而促进政府服务效率的提升，以及公众参与度的提升。《中国共产党党务公开条例（试行）》《国务院工作规则》《中华人民共和国政府信息公开条例》《〈关于全面推进政务公开工作的意见〉实施细则》《中共中央办公厅、国务院办公厅关于在国有企业、集体企业及其控股企业深入实行厂务公开制度的通知》《中共中央办公厅、国务院办公厅关于健全和完善村务公开和民主管理制度的意见》等一系列法律法规对党务、政务、厂务、村（居）务等的公开内容、公开范围、公开程序等事项作了详细规范。公开的目的就是尊重群众知情权，让群众对公共事务有所了解知晓，有利于提高组织自身的公开度和透明度，强化群众监督。这也是完善基层民主制度，巩固党的执政地位的重要举措。

以案说纪

2016 年，安徽省无为市全面推广应用小微权力“监督一

延伸阅读

人民群众的知情权

人民群众的知情权是指人民群众对于国家的重要决策、政府的重要事务以及社会上当前发生的与人民权利和群众利益密切相关的事件，有了解和知悉的权利，简单地说，人民群众的知情权就是人民群众有权知道自己应该知道的事情。宪法中有关人民民主原则以及依宪法赋予公民基本的权利之规定，为群众知情权提供了法律依据。满足人民群众知情权的前提就是要坚持党务、政务、厂务、村（居）务公开。只有畅通沟通渠道，人民群众才能真正有效参与，也才符合我们党民主决策、民主监督的要求，同时能增强人民群众自我管理、自我服务、自我教育、自我监督的社会治理能力，切实拉近党与群众的距离，紧密党群干群的血肉联系。

点通”网络平台，并建立清单制度。经过几年建设，该市基本实现村级“小微权力”清单全覆盖，借助网络建立“小微权力”监督平台，实现村务公开，使得群众的参与和监督更便捷、更有效。2019 年，无为市开城镇村民在监督平台上发现，该村同一年份秸秆禁烧奖金报销票据报销了 2 次，遂向开城镇纪委反映。经核查，证实该村利用同样的会议记录和证明材料重复报销，且该笔资金没有及时入账。村党总支书记、副书记和会计因此受到党纪处分。2020 年，安徽省芜湖市共建立村（居）“小微权力”网上平台 940 个，公开信息数 19.9 万条。此外，芜湖市纪委以平台为抓手，精准监督，压实责任。芜湖市湾沚区 2016 年至 2020 年对全县 86 个村（居）“小微权力”开展专项巡察，共发现问题 1059 个，移交线索 118 件，提出意见建议 199 条；组织处理 59 人，给予警告处分 23 人，留党察看 1 人，开除党籍 1 人。

相关法规

《中国共产党党内监督条例》

《农村基层干部廉洁履行职责若干规定（试行）》第十条

四 违反群众纪律的行为

群众纪律“负面清单”

超标准、超范围向群众筹资筹劳、摊派费用，加重群众负担；违反有关规定扣留、收缴群众款物或者处罚群众；克扣群众财物，或者违反有关规定拖欠群众钱款；在管理、服务活动中违反有关规定收取费用；在办理涉及群众事务时刁难群众、吃拿卡要；其他侵害群众利益行为。

在乡村振兴领域有上述行为的，从重或者加重处分。

干涉生产经营自主权，致使群众财产遭受较大损失的。

在社会保障、社会救助、政策扶持、救灾救济款物分配等事项中优亲厚友、明显有失公平的。

利用宗族或者黑恶势力等欺压群众，或者纵容涉黑涉恶活动、为黑恶势力充当“保护伞”的。

对涉及群众生产、生活等切身利益的问题依照政策或者有关规定能解决而不及时解决，庸懒无为、效率低下，造成不良影响；对符合政策的群众诉求消极应付、推诿扯皮，损害党群、干群关系；对待群众态度恶劣、简单粗暴，造成不良影响；弄虚作假，欺上瞒下，损害群众利益；其他不作为、乱作为、慢作为、假作为等损害群众利益行为。

遇到国家财产和群众生命财产受到严重威胁时，能救而不救。

不按照规定公开党务、政务、厂务、村（居）务等，侵犯群众知情权。

有其他违反群众纪律规定行为的。

第七章

严明工作纪律，促进规范履职用权

工作纪律是党的纪律在工作过程中的约束规范，是党员领导干部履职用权的纪律遵循。严明工作纪律，能够保证党的各项工作正常开展，促使党员领导干部在工作中自觉铸牢遵规守纪的思想防线，强化自我约束，忠于职守、勇于担当，展现干事创业的精气神。

一 为什么必须严明工作纪律

工作纪律是党的各级组织和全体党员在党的各项具体工作中必须遵守的行为规则，是党的各项工作正常开展的重要保证，其本质要求是履职尽责、担当作为。只有严明工作纪律，才能切实在工作中立足人民、规范用权，才能在工作中求真务实、真抓实干，才能以干在实处的劲头推动各项工作走在前列。

严明工作纪律是推进为民用权、做到为民造福的重要体现。工作纪律事关事业兴衰，事关人民群众根本利益。严明工作纪律，就要站稳人民立场，规范履职用权，勇于担当尽责，形成不随意用权、任意用权的良好工作状态，维护正常的工作秩序，当好人民群众的知心人、贴心人、领路人。

严明工作纪律是反对形式主义、纠治官僚主义的必然要求。形式主义、官僚主义与我们党的优良作风背道而驰，令广大干部群众深恶痛绝。其危害性、反复性、顽固性有目共睹。尽管形式主义、官僚主义死灰复燃、隐形变异的原因错综复杂，但其中之一正是部分党员领导干部视工作纪律为无物，工作纪律执行不严，工作中存在以会议贯彻会议、以文件传达文件等现象，热衷于做表面文章、过度留痕，脱离群众。因此以严明的工作纪律惩处形式主义、官僚主义行为，能够在全党树立正确的工作导向，营造健康的工作氛围。

严明工作纪律是增强纪律意识、改进工作作风的现实需要。培养工作纪律意识，形成遵守工作纪律习惯是严守工作纪律的内在要求。广大党员干部只有以高度自觉的纪律意识、

延伸阅读

形式主义和官僚主义

我们党历来反对形式主义、官僚主义。形式主义过分关注事物的表面形式，不讲究实际内容和效果，是唯心主义世界观和方法论的集中反映。其实质是主观主义、功利主义，根源是功绩观错位、责任心缺失，只想当官不想干事，只想出彩不想担责，满足于做表面文章，重显绩不重潜绩，重包装不重实效，用光鲜亮丽的外表掩盖矛盾和问题。官僚主义实质是封建残余思想作祟，根源是官本位思想严重、权力观扭曲，做官当老爷，高高在上，脱离群众、脱离实际。形式主义、官僚主义同我们党的性质宗旨和优良作风格格不入，是我们党的大敌、人民的大敌，是阻碍党的路线方针政策和党中央重大决策部署贯彻落实的大敌。各级组织和党员干部要把纠治形式主义、官僚主义摆在更加突出的位置，对可能出现的各种形式主义、官僚主义，要提前预判、有效防范、坚决克服。

强烈的责任担当，将工作纪律贯穿履职全过程，才能把工作纪律转化为行为习惯和自觉遵循。而党员干部对工作纪律的行为习惯和自觉遵循，是良好工作作风的鲜明体现。因此可以说，严明工作纪律是改进工作作风的助推器和重要保障。

二 如何严明工作纪律

严明工作纪律就是要以人民群众反映强烈的问题为导向，要求党组织和党员领导干部在工作中履职尽责、求真务实，做到公正用权、依法用权、为民用权，严格执行党的各项工作的规章制度，形成良好的工作作风和风清气正的工作生态。

严明工作纪律，必须坚持做到敢于斗争、勇于担当。敢于斗争、勇于担当是党员领导干部的职责所在。严明工作纪律，就要求党员领导干部在工作过程中要积极贯彻执行上级决策部署，要敢于同工作中的难题矛盾进行斗争，杜绝懒作为、慢作为、虚作为；要主动担当，自觉干实事、求实效，不断砥砺为党分忧、为党尽责的担当品格，守住知敬畏、存戒惧的工作底线，练就堪当重任的工作本领。

严明工作纪律，必须坚决反对形式主义、官僚主义。形式主义、官僚主义严重损害党群干群关系，严重影响党的形象和公信力。反对形式主义、整治官僚主义，是严明工作纪律的重要内容。严明工作纪律，反对形式主义，重在解决作风漂浮、工作不实，文山会海、表面文章，贪图虚名、弄虚作假等问题；反对官僚主义，重在解决脱离实际、脱离群众，消极应付、推诿扯皮，作风霸道、迷恋特权等问题；同时也要防止形式主义与官僚主义的结合演化，时刻保持清醒的头脑，警惕不良风气的侵蚀和渗透。

严明工作纪律，必须正确履职、规范用权。党的工作内容包括纪律检查、组织、宣传、统战、教育、群团、机构编制、对外联络、巡视等许多方面，每一方面都有相应的工作纪律规范，而工作纪律正是保持工作规范的“戒尺”。严明工作纪律要求党员领导干部必须强化在其位、谋其政、尽其责的履职意识，明确岗位职责、履行岗位责任，求真务实、真抓实干。必须树立正确的权力观、政绩观、事业观，始终做到心中有党、心中有民、心中有责、心中有戒。

三 第十章“对违反工作纪律行为的处分”导读

违反工作纪律行为是指党组织和党员在从事党的各项工

作中违反应当遵循的行为规范和规则，依照党内法规应当受到党的纪律追究的行为。《条例》第十章“对违反工作纪律行为的处分”共20条，增写7条，修改6条，主要是对工作失职、不履职或不正确履职、滥用问责等行为的处分规定，新增对不敢斗争、不愿担当，面对重大矛盾冲突、危机困难临阵退缩行为的处分规定，以及对统计造假、违反机构编制管理规定、不履行信访工作职责等行为的处分条款，反映了工作中党组织和党员违纪的新情况。

条例原文

第一百三十条　工作中不负责任或者疏于管理，贯彻执行、检查督促落实上级决策部署不力，给党、国家和人民利益以及公共财产造成较大损失的，对直接责任者和领导责任者，给予警告或者严重警告处分；造成重大损失的，给予撤销党内职务、留党察看或者开除党籍处分。

党员领导干部对于到任前已经存在且属于其职责范围内的问题，消极回避、推卸责任，造成严重损害或者严重不良影响的，依照前款规定处理。

学习导读

本条是对因工作失责造成党、国家和人民利益以及公共财产较大以上损失时给予直接责任者和领导责任者的处分规定，同时增写了党员领导干部对于到任前已经存在且属于其职责范围内问题时的消极回避、推卸责任行为的处分规定。能够有效推动解决“新官不理旧账”问题。

延伸阅读

政绩观

政绩观是关于政绩的总体认识和根本观点，直接反映干部从政的价值取向，是干部履职尽责、创造政绩的思想基础。政绩观正确与否，对事业发展和个人成长都至关重要。党员干部要树立和践行正确政绩观，最重要的是始终为人民利益而奋斗，始终把人民放在心中最高位置，践行全心全意为人民服务的根本宗旨。

以案说纪

江西省某厅原党组书记、厅长李某某政绩观扭曲，急功近利、层层加码、脱离实际设定目标问题。2013年至2021年，李某某在担任某市市长、市委书记期间，不顾实际在该市经济技术开发区大肆上马房地产项目，把经开区变成“房地产开发区”；盲目追求政绩，要求全市在3年内建成全国第一个全域“海绵城市”，工程质量问题频发，干部群众反映强烈；急功近利，为全市项目观摩考核设定不切实际的目标，导致一些县区脱离实际花巨资“堆盆景”，甚至弄虚作假造项目。李某某还存在其他严重违纪违法问题，被开除党籍、开除公职，2023年3月因受贿罪被判处有期徒刑12年。

相关法规

《中国共产党问责条例》

条例原文

第一百三十一条　工作中不敢斗争、不愿担当，面对重大矛盾冲突、危机困难临阵退缩，造成不良影响或者严重后果的，给予警告或者严重警告处分；情节严重的，给予撤销党内职务、留党察看或者开除党籍处分。

学习导读

本条规定了党员领导干部在工作中面对重大矛盾冲突和危机困难时的违纪行为，明确了对不敢斗争、不愿担当行为的处分规定。中国共产党作为一个马克思主义武装起来的、以改造世界为己任的政党，是勇于并善于进行伟大斗争的政党，共产党员理应有平常时候看得出来、关键时刻站得出来、危急关头豁得出来的样子。

延伸阅读

伟大斗争

伟大斗争是指中国共产党要团结带领人民有效应对重大挑战、抵御重大风险、克服重大阻力、解决重大矛盾，必须进行具有许多新的历史特点的伟大斗争。党的十九大报告将伟大斗争、伟大工程、伟大事业、伟大梦想作为一个完整体系提出。在“四个伟大”中，伟大斗争是排在首位的，它是建设伟大工程、推进伟大事业、实现伟大梦想的必由之路和内生动力。进行伟大斗争，要求全党更加自觉地坚持党的领导和我国社会主义制度，坚决反对一切削弱、歪曲、否定党的领导和我国社会主义制度的言行；更加自觉地维护人民利益，坚决反对一切损害人民利益、脱离群众的行为；更加自觉地投身改革创新时代潮流，坚决破除一切顽瘴痼疾；更加自觉地维护我国主权、安全、发展利益，坚决反对一切分裂祖国、破坏民族团结和社会和谐稳定的行为；更加自觉地防范各种风险，坚决战胜一切在政治、经济、文化、社会等领域和自然界出现的困难和挑战。全党要充分认识这场伟大斗争的长期性、复杂性、艰巨性，发扬斗争精神，提高斗争本领，不断夺取伟大斗争新胜利。

以案说纪

2020 年，新冠疫情防控正处在最吃劲的时期，沈阳市铁西区市场监督管理局某市场监督管理所工作人员蒋某，畏惧疫情，在该所负责人多次电话、微信通知其上班的情况下，不接电话、不回微信，虚开病情诊断书，拒不上班。蒋某受到留党察看、政务撤职处分，由二级主任科员降为三级主任科员。

相关法规

《中华人民共和国公职人员政务处分法》第三十九条

《中华人民共和国公务员法》第五十九条

条例原文

第一百三十二条　有下列行为之一，造成严重损害或者严重不良影响的，对直接责任者和领导责任者，给予警告或者严重警告处分；情节较重的，给予撤销党内职务或者留党察看处分；情节严重的，给予开除党籍处分：

（一）热衷于搞舆论造势、浮在表面；

（二）单纯以会议贯彻会议、以文件落实文件，在实际工作中不见诸行动；

（三）脱离实际，不作深入调查研究，搞随意决策、机械执行；

（四）违反精文减会有关规定搞文山会海；

（五）在督查检查考核等工作中搞层层加码、过度留痕，增加基层工作负担；

（六）工作中其他形式主义、官僚主义行为。

学习导读

本条明确了工作中出现形式主义、官僚主义情形时对直接责任者和领导责任者的处分规定。本条旨在使广大党员干部充分认识形式主义、官僚主义的本质，自觉摒弃和坚决抵制形式主义、官僚主义，防止政绩观错位、责任心缺失、权力观扭曲，坚决纠治党员、群众反映强烈的突出问题，动真碰硬、务求实效，在真抓实干、深入调查中创造政绩，实现自我进步。

以案说纪

贵州省政协原党组副书记、副主席周某某在调研中搞形式主义、官僚主义，热衷于舆论造势、做表面文章问题。2016 年至 2021 年，周某某在任毕节市委书记期间，搞“打卡式”“作秀式”调研，有时一天要调研 10 多个点，到调研点与基层干部握握手、说两句话、拍几张照后即离开，不深入群众了解、解决实际困难。在调研过程中挑剔吃住、专车开道，增加基层负担。热衷于搞舆论造势，支持他人写书宣扬其“功绩”，并安排财政资金购买该书，分发给干部学习。周某某还存在其他严重违纪违法问题，被开除党籍、开除公职，涉嫌犯罪问题被移送检察机关依法审查起诉。

延伸阅读

警惕形式主义、官僚主义新表现

党的十八大以来，全党上下纠正“四风”取得重大成效。当前“四风”问题中，享乐主义和奢靡之风基本刹住，但形式主义、官僚主义在一定程度上仍然存在，并呈现出一些新的表现形式。2017 年 12 月，习近平总书记就新华社《形式主义、官僚主义新表现值得警惕》一文作出指示，强调了文中提出的“四风”问题的新情况，如一些领导干部调研走过场、搞形式主义，调研现场成了“秀场”；一些单位“门好进、脸好看”，就是“事难办”；一些地方注重打造领导“可视范围”内的项目工程，“不怕群众不满意，就怕领导不注意”；有的地方层层重复开会，用会议落实会议；部分地区写材料、制文件机械照抄，出台制度决策“依葫芦画瓢”；一些干部办事拖沓敷衍、懒政庸政怠政，把责任往上推；一些地方不重实效重包装，把精力放在“材料美化”上，搞“材料出政绩”；有的领导干部热衷于将责任下移，“履责”变“推责”；有的干部知情不报、听之任之，态度漠然；有的干部说一套做一套、台上台下两个样。随后中央纪委有关负责同志在关于落实习近平总书记重要指示精神的答新华社记者问中，进一步具体说明了“四风”问题的新动向和新表现。

相关法规

《中华人民共和国公职人员政务处分法》第三十九条

《中华人民共和国公务员法》第五十九条

条例原文

第一百三十五条　在信访工作中，有下列行为之一，造成不良影响或者严重后果的，对直接责任者和领导责任者，给予警告或者严重警告处分；情节较重的，给予撤销党内职务或者留党察看处分；情节严重的，给予开除党籍处分：

（一）不按照规定受理、办理信访事项；

（二）对规模性集体访等处置不力，导致事态扩大；

（三）对党委和政府信访部门提出的改进工作、完善政策等建议重视不够、落实不力，导致问题长期得不到解决；

（四）其他不履行或者不正确履行信访工作职责行为。

不履行或者不正确履行职责，导致信访事项发生，造成不良影响或者严重后果的，对直接责任者和领导责任者，依照前款规定处理。

学习导读

本条规定了不履行或者不正确履行信访工作职责的各种行为，明确了违反信访工作职责时给予直接责任者和领导责任者的处分规定。本规定的目的是让党员干部把信访工作做到群众心坎上，使人民群众合理合法的诉求得到及时就地解决，真正把解决信访问题的过程作为践行党的群众路线、做好群众工作的过程。

延伸阅读

信访工作和信访制度

信访工作是党的群众工作的重要组成部分，是党和政府了解民情、集中民智、维护民利、凝聚民心的一项重要工作，是各级机关、单位及其领导干部、工作人员接受群众监督、改进工作作风的重要途径。信访制度是指公民个人或群体以书信、电子邮件、走访、电话、传真等参与形式与国家的政党、政府、社团、人大、司法、政协、社区、企事业单位负责信访工作的机构或人员接触，以反映情况，表达自身意见，吁请解决问题，有关信访工作机构或人员采用一定的方式进行处理的一种制度。我们党历来重视信访工作，注重从制度上规范和保障信访工作开展。2022 年 2 月，中共中央、国务院发布《信访工作条例》，其中不仅规定了信访工作的地位作用、指导思想、主要原则及工作要求等，提出要构建党委统一领导、政府组织落实、信访工作联席会议协调、信访部门推动、各方齐抓共管的信访工作格局，同时规定了信访事项处理程序、信访工作监督体系等。《条例》的出台，对于坚持党中央对信访工作的集中统一领导，坚持和加强党对信访工作的全面领导，提高党领导信访工作的制度化、规范化水平具有重要意义。

以案说纪

2023年4月，湖北省安陆市某街道办事处在办理省委巡视组交办的该办事处某社区居民唐某信访事项过程中，消极应付，虚假整改，未与信访对象联系，未入户了解情况，导致向省委巡视组上报虚假整改情况。该社区党委书记、居委会主任万某某对信访件的调查处理情况没有过问、审核，敷衍塞责、一报了之；社区党委副书记卓某没有入户走访，及时化解信访矛盾；社区网格员严某某没有调查核实信访人家庭情况，向社区提供虚假信息。万某某受到党内警告处分，卓某受到党内严重警告处分，严某某受到政务记大过处分。

相关法规

《信访工作条例》

《信访工作责任制实施办法》

条例原文

第一百三十六条　党组织有下列行为之一，对直接责任者和领导责任者，情节较重的，给予警告或者严重警告处分；情节严重的，给予撤销党内职务或者留党察看处分：

（一）党员被立案审查期间，擅自批准其出差、出国（境）、辞职，或者对其交流、提拔职务、晋升职级、进一步使用、奖励，或者办理退休手续；

（二）党员被依法追究刑事责任后，不按照规定给予党纪处分，或者对党员违反国家法律法规的行为，应当给予党纪处分而不处分；

（三）党纪处分决定或者申诉复查决定作出后，不按照规定落实决定中关于被处分人党籍、职务、职级、待遇等事项；

（四）党员受到党纪处分后，不按照干部管理权限和组织关系对受处分党员开展日常教育、管理和监督工作。

学习导读

本条是对党员在立案审查期间、依法追究刑事责任后、作出处分决定或申诉复查决定后、党员受到党纪处分后，党组织违反工作纪律，给予直接责任者和领导责任者的处分规定，特别增加了党员在立案审查期间，仍不按规定给予党纪处分的情形。本条明确了党员受到相关纪律法律处分后的负面行为清单。

以案说纪

山西省某局原党委书记潘某某因对下属单位负责人违法问题未按规定落实党纪政纪处分被问责。2011 年 11 月，山西省某局下属某院原党委书记闫某某、院长王某、副院长谢某某 3 人因单位行贿犯罪被一审判处刑罚后，山西省某局仅对上述人员进

延伸阅读

党纪处分决定作出后的宣布和执行

党纪处分决定的宣布和执行，是党组织审查处理党员违纪问题的必经程序。依据有关规定，党纪处分作出后，一般应在1个月内向受处分党员所在党的基层组织中的全体党员及其本人宣布。负责向本人宣布的工作人员不得少于2名，宣布时应向受处分人告知其享有的权利，询问其对处分决定的意见，做好相应的思想教育工作，并请其在处分决定书上签写意见。拒不签署意见或者因其他原因不能签署意见的，要在处分决定上注明。同时，处分决定通知及处分决定书要抄送有关组织、人事部门及相关单位、部门。有关部门负责将处分决定材料归入受处分者档案，需要办理职务、级别、工资等相应变更手续的，及时予以办理。执行党纪处分决定的机关或者受处分党员所在单位，一般应当在6个月内将处分决定的执行情况向作出或者批准处分决定的机关报告。

行了岗位调整，未按规定及时给予党纪政纪处分。特别是2014年1月终审判决下达后，局纪委书记李某某提出应按规定给予上述3人党纪政纪处分，潘某某以3人已提起申诉为由仍不按照规定安排办理，2015年9月在省委巡视组督促下才给予闫某某等3人党纪政纪处分。此外，潘某某还存在违反中央八项规定精神等问题。2016年2月，因落实主体责任不力等问题，潘某某受到党内严重警告处分，并被降低退休待遇。

相关法规

《中国共产党党内监督条例》

条例原文

第一百三十九条　进行统计造假，对直接责任者和领导责任者，情节较轻的，给予警告或者严重警告处分；情节较重的，给予撤销党内职务或者留党察看处分；情节严重的，给予开除党籍处分。

对统计造假失察，造成严重后果的，对直接责任者和领导责任者，给予警告或者严重警告处分；情节严重的，给予撤销党内职务、留党察看或者开除党籍处分。

学习导读

本条为新增内容，是对统计造假以及统计造假失察的直接责任者和领导责任者的处分规定。统计是经济社会发展中综合性基础性工作，统计数据是国家宏观调控的重要依据。统计造假严重违背党的实事求是思想路线和求真务实工作作风，损害党和政府公信力。对统计造假行为进行处分与惩戒，目的在于遏制“数字上的腐败”，极大地增强了防治统计造假的制度刚性和纪律约束力，为防治统计造假问题提供了坚强纪律保障，从而更好地保障经济社会健康发展。

延伸阅读

统计造假

统计造假是指统计失真、失实等统计资料、统计信息、统计数据的弄虚作假，是违反统计法律法规、统计制度、不符合统计原则的行为。统计造假是统计领域最大的腐败，严重影响统计数据质量，干扰甚至误导宏观决策。根据《中华人民共和国统计法》和《中华人民共和国统计法实施条例》，统计造假的主要表现有：自行修改统计机构和统计人员依法搜集、整理的统计资料；要求统计机构、统计人员及其他机构、人员伪造、篡改统计资料；对依法履行职责或者拒绝、抵制统计违法行为的统计人员打击报复；非法干预统计调查对象提供统计资料等。

以案说纪

2019 年，云南省红河州在第四次全国经济普查登记工作中，州、县相关职能部门和乡镇政府采取出具虚假批文，代填代报，授意、指使、强令普查对象提供虚假资料等方式干预统计工作，建水县、泸西县统计数据严重失实。在上级检查期间，部分单位和领导干部还采取解散 QQ 工作群、毁弃证明资料、提供虚假情况等方式阻碍监督检查，有的县领导还要求“被查单位自行承担责任，不得指认县委、县政府”。红河州在全国经济普查中统计造假，分管统计工作的州政府党组成员、副州长周某负主要领导责任，受到党内警告处分；建水县原县委书记毛某某受到党内严重警告处分，并被免去县委书记职务；建水县原县委副书记、县长冯某某受到党内严重警告、政务降级处分；泸西县委书记王某某受到党内警告处分；泸西县原县委副书记、县长莫某受到党内严重警告处分。其他相关责任人分别因出具虚假批文、授意企业报送虚假数据、阻碍监督检查等问题受到相应的处理。

相关法规

《中华人民共和国统计法》

条例原文

第一百四十一条　违反有关规定干预和插手市场经济活动，有下列行为之一，情节较轻的，给予警告或者严重警告处分；情节较重的，给予撤销党内职务或者留党察看处分；情节严重的，给予开除党籍处分：

（一）干预和插手建设工程项目承发包、土地使用权出让、政府采购、房地产开发与经营、矿产资源开发利用、中介机构服务等活动；

（二）干预和插手国有企业重组改制、兼并、破产、产权交易、清产核资、资产评估、资产转让、重大项目投资以及其他重大经营活动等事项；

（三）干预和插手批办各类行政许可和资金借贷等事项；

（四）干预和插手经济纠纷；

（五）干预和插手集体资金、资产和资源的使用、分配、承包、租赁等事项。

学习导读

本条是关于党员违规干预和插手市场经济活动行为及其适用的处分种类和幅度的规定。将干预和插手市场经济活动行为规定为违纪行为并给予纪律处分，目的是打击不当使用公权干预市场经济的行为，是维护市场经济秩序、保障公平竞争、促进经济健康发展的必然要求。

以案说纪

山东省滨州市惠民县某局原二级主任科员王某某存在违规干预和插手市场经济活动等问题。2009 年 1 月至 2022 年 8 月，王某某利用职务便利，对辖区内需要项目申报的单位，多次违规私下推荐、指定制作项目可行性研究报告等资料的公司，并从中谋取私利；为多家单位、个人在项目报告业务、申报立项等方面谋取利益，并非法收受财物；其同时存在其他违纪违法和犯罪问题。2023 年 4 月，王某某被开除党籍，取消其享受的待遇，违纪违法所得予以收缴。

延伸阅读

土地使用权流转

土地使用权流转是指拥有土地承包经营权的农户将土地经营权（使用权）转让给其他农户或经济组织，即保留承包权，转让使用权，按照“土地确权、两权（所有权和使用权）分离、价值显化、市场运作、利益共享”方针，依据土地有偿使用原则，对农业用地和建设用地使用权实行有偿有期限流转制度。其要点是：在不改变家庭承包经营基本制度的基础上，把股份制引入土地制度建设，建立以土地为主要内容的农村股份合作制，把农民承包的土地从实物形态变为价值形态，让一部分农民获得股权后安心从事二、三产业；另一部分农民可以扩大土地经营规模，实现市郊农业由传统向现代转型。土地使用权流转方式包括转包、出租、互换、转让或者其他符合有关法律和国家政策规定的方式。

相关法规

《中国共产党廉洁自律准则》

条例原文

第一百四十二条　违反有关规定干预和插手司法活动、执纪执法活动，向有关地方或者部门打听案情、打招呼、说情，或者以其他方式对司法活动、执纪执法活动施加影响，情节较轻的，给予严重警告处分；情节较重的，给予撤销党内职务或者留党察看处分；情节严重的，给予开除党籍处分。

违反有关规定干预和插手公共财政资金分配、项目立项评审、功勋荣誉表彰奖励等活动，造成重大损失或者不良影响的，依照前款规定处理。

学习导读

本条明确了对干预和插手司法活动、执纪执法、公共财政资金分配、项目立项评审、功勋荣誉表彰奖励等违纪行为的处分规定。严守上述工作纪律，有助于促进司法公平和公共财政资金分配、项目评审等活动的公平公正。

以案说纪

辽宁省某市政协原主席孙某某丧失理想信念，背弃初心使命，对党不忠诚、不老实，转移、隐匿证据对抗组织审查；无视中央八项规定精神，违规收受礼品礼金；违反组织原则，不按规定报告个人有关事项，在干部选拔任用工作中为他人谋取利益；在国有资产处置等工作中不正确履行职责，违规插手和干预司法活动；纪法底线失守，利用职务上的便利，挪用巨额公款借与他人进行营利活动，为他人在企业经营和职务调整等方面谋取利益并非法收受财物。经辽宁省纪委常委会会议研究并报辽宁省委批准，决定给予孙某某开除党籍

延伸阅读

防止干预司法“三个规定”

“三个规定”是指2015年中办国办、中央政法委、“两高三部”（最高法、最高检、公安部、国安部和司法部）分别先后印发的《领导干部干预司法活动、插手具体案件处理的记录、通报和责任追究规定》《司法机关内部人员过问案件的记录和责任追究规定》《关于进一步规范司法人员与当事人、律师、特殊关系人、中介组织接触交往行为的若干规定》。其中明确规定了领导干部违法干预司法活动的行为，主要包括：在线索核查、立案、侦查、审查起诉、审判、执行等环节为案件当事人请托说情的；要求办案人员或者办案单位负责人私下会见案件当事人或其辩护人、诉讼代理人、近亲属以及其他与案件有利害关系的人的；授意、纵容身边工作人员或者亲属为案件当事人请托说情的；为了地方利益或者部门利益，以听取汇报、开协调会、发文件等形式，超越职权对案件处理提出倾向性意见或者具体要求的；其他违法干预司法活动、妨碍司法公正的行为等。“三个规定”的出台，为防止领导干部干预司法、以案谋私、利益输送架设了全程留痕、依法追责的“隔离墙”和“高压线”，为保障司法机关依法履行职责、公正廉洁司法提供了制度遵循。

处分；按规定取消其享受的待遇；终止其辽宁省第十三次党代会代表、某市第十三次党代会代表资格；收缴其违纪违法所得；将其涉嫌犯罪问题移送检察机关依法审查起诉，所涉财物一并移送。

相关法规

《领导干部干预司法活动、插手具体案件处理的记录、通报和责任追究规定》

《司法机关内部人员过问案件的记录和责任追究规定》

《关于进一步规范司法人员与当事人、律师、特殊关系人、中介组织接触交往行为的若干规定》

条例原文

第一百四十四条　泄露、扩散或者打探、窃取党组织关于干部选拔任用、纪律审查、巡视巡察等尚未公开事项或者其他应当保密的内容的，给予警告或者严重警告处分；情节较重的，给予撤销党内职务或者留党察看处分；情节严重的，给予开除党籍处分。

私自留存涉及党组织关于干部选拔任用、纪律审查、巡视巡察等方面资料，情节较重的，给予警告或者严重警告处分；情节严重的，给予撤销党内职务处分。

学习导读

本条规定了干部选拔任用、纪律审查、巡视巡察等工作

延伸阅读

周恩来、邓颖超是严格遵守保密纪律的典范

自觉遵守保密纪律是党员干部的义务，也是党纪国法的要求。周恩来和邓颖超之间的保密故事为我们今天严格遵守保密纪律树立了典范。据全国政协原副秘书长、周恩来邓颖超秘书赵炜回忆，1927 年大革命失败后，国民党反动派疯狂镇压革命，中共中央决定派周恩来去南昌组织武装起义，对国民党反动派进行反击。接受任务后，周恩来一直没有告诉邓颖超要去南昌的事，直到走之前的那个晚上，他才对邓颖超说："今晚要动身去九江。"至于去九江做什么，什么时候回来，周恩来都没有讲，邓颖超也没有问。一直到 8 月初，邓颖超看了国民党的报纸，才得知发生了南昌起义。新中国成立后，周恩来和邓颖超肩负的任务更加重大了，他们之间信守保密纪律如初，一个不讲，另一个不问。1964 年，我国进行第一颗原子弹的研制试验工作时，周恩来规定了严格的保密纪律。他要求，试验的有关情况，只准参加试验的人员知道，不能告诉其他同志，包括自己的家属和亲友，不要一高兴就说出去。他还特意指出："邓颖超同志是我的爱人，党的中央委员，这件事同她的工作没有关系，我也没有必要跟她说。"由于周恩来有言在先，反复强调要严守党的纪律，并且以身作则，因此，在原子弹爆炸前，没有发生泄密的事情，也没有任何消息透露出去。新时代，我们党的干部要学习伟人在任何情况下都严守党的纪律、保守党的秘密的优良作风。

中的保密纪律要求以及违纪处分，对进一步增强党员的保密意识具有积极意义。保守党和国家秘密，是每一名党员义不容辞的责任。一旦有泄密行为，不仅会受到党纪政纪处分，严重的还会被追究法律责任。

以案说纪

2018年9月，时任广东省吴川市某镇党委委员、纪委书记吴某某，将反映涉黑涉恶腐败及充当“保护伞”问题的举报信复印给被举报人之一的镇党委委员、副镇长宁某某。其后，宁某某经由村民潘某，通过微信将举报信复印件照片转发给主要被举报对象——该村村委会原主任和村委会原副主任，导致泄密事件发生。村委会原主任指使他人打电话并到举报人家中质问、威胁举报人，造成恶劣的社会影响。吴某某被开除党籍。

相关法规

《中华人民共和国保守国家秘密法》

条例原文

第一百四十五条　在考试、录取工作中，有泄露试题、考场舞弊、涂改考卷、违规录取等违反有关规定行为的，给予警告或者严重警告处分；情节较重的，给予撤销党内职务或者留党察看处分；情节严重的，给予开除党籍处分。

学习导读

本条明确了对考试、录取工作中违纪行为的处分规定，适用于负责、组织考试、录取工作的党员，包括命题人员、试卷保管人员、监考人员、评卷人员、负责录取的人员等，也包括参与应试人员中的党员。在考试、录取工作中出现违反有关规定的行为，既有失人事工作和教育工作的公平公正，又破坏党和政府的形象，极易滋生腐败和破坏政治生态。本

延伸阅读

事业单位工作人员处分规定

为严明事业单位纪律规矩，规范事业单位工作人员行为，保证事业单位及其工作人员依法履职，根据《中华人民共和国公职人员政务处分法》和《事业单位人事管理条例》等法律法规，中共中央组织部和人力资源和社会保障部共同研究制定了《事业单位工作人员处分规定》，并于2023年11月6日《规定》发布之日起在全国施行。其中明确规定，在事业单位选拔任用、公开招聘、考核、培训、回避、奖励、申诉、职称评审等人事管理工作中有违反组织人事纪律行为的，给予警告或者记过处分；情节较重的，给予降低岗位等级处分；情节严重的，给予开除处分。

条规定的目的就是增强相关工作人员的工作纪律意识，确保考试、录取工作的公平公正。

以案说纪

2018 年 3 月 22 日，华南理工大学某学院 2018 年硕士研究生招生复试结束后，学院院长张某召集党委书记练某某、副院长余某某和党委副书记、纪委书记杨某某开会，研究确定拟录取结果，其间对 10 名考生复试分数进行更改，影响了相关考生的录取结果。张某等 4 人违规更改研究生招生复试分数的行为，严重违反了研究生招生的制度和纪律，导致招生结果的不公平不公正，造成恶劣的社会影响。根据联合调查组的调查结果，依据《条例》《普通高等学校招生违规行为处理暂行办法》《事业单位工作人员处分规定》等规定，经研究决定：免去张某学院院长职务，取消其研究生导师资格，解除聘用合同，报请上级有关部门撤销其相关人才计划入选资格或称号；给予练某某开除党籍、降低岗位等级处分，由管理岗五级降为九级；给予余某某开除党籍、降低岗位等级处分，由专业技术岗四级降为八级聘用，取消其研究生导师资格，报请撤销其珠江学者称号（2018 年 10 月已被免去副院长职务）；对负有失责责任的学校招生工作办公室主任和分管研究生招生工作的副主任进行问责，给予两人行政记过处分。

相关法规

《中华人民共和国公职人员政务处分法》

《事业单位工作人员处分规定》

四　违反工作纪律的行为

工作纪律“负面清单”

工作中不负责任或者疏于管理，贯彻执行、检查督促落实上级决策部署不力，给党、国家和人民利益以及公共财产造成较大损失的。党员领导干部对于到任前已经存在且属于其职责范围内的问题，消极回避、推卸责任，造成严重损害或者严重不良影响的。

工作中不敢斗争、不愿担当，面对重大矛盾冲突、危机困难临阵退缩，造成不良影响或者严重后果的。

热衷于搞舆论造势、浮在表面；单纯以会议贯彻会议、以文件落实文件，在实际工作中不见诸行动；脱离实际，不作深入调查研究，搞随意决策、机械执行；违反精文减会有关规定搞文山会海；在督查检查考核等工作中搞层层加码、过度留痕，增加基层工作负担；工作中其他形式主义、官僚主义行为。

在公务活动用餐、单位食堂用餐管理工作中不履行或者不正确履行宣传教育、监督管理职责，导致餐饮浪费，造成严重不良影响的。

在机构编制工作中，擅自超出“三定”规定范围调整职责、设置机构、核定领导职数和配备人员；违规干预地方机构设置；其他违反机构编制管理规定行为。

在信访工作中，不按照规定受理、办理信访事项；对规模性集体访等处置不力，导致事态扩大；对党委和政府信访部门提出的改进工作、完善政策等建议重视不够、落实不力，导致问题长期得不到解决；其他不履行或者不正确履行信访工作职责行为。不履行或者不正确履行职责，导致信访事项发生，造成不良影响或者严重后果的。

党组织的下列行为：党员被立案审查期间，擅自批准其出差、出国（境）、辞职，或者对其交流、提拔职务、晋升职级、进一步使用、奖励，或者办理退休手续；党员被依法追究刑事责任后，不按照规定给予党纪处分，或者对党员违反国家法律法规的行为，应当给予党纪处分而不处分；党纪处分决定或者申诉复查决定作出后，不按照规定落实决定中关于被处分人党籍、职务、职级、待遇等事项；党员受到党纪处分后，不按照干部管理权限和组织关系对受处分党员开展日常教育、管理和监督工作。

滥用问责，或者在问责工作中严重不负责任，造成不良影响的。

因工作不负责任致使所管理的人员叛逃的。因工作不负责任致使所管理的人员出逃、出走。

进行统计造假。对统计造假失察，造成严重后果的。

在上级检查、视察工作或者向上级汇报、报告工作时对应当报告的事项不报告或者不如实报告，造成严重损害或者严重不良影响的。在上级检查、视察工作或者向上级汇报、报告工作时纵容、唆使、暗示、强迫下级说假话、报假情的，从重或者加重处分。

违反有关规定干预和插手市场经济活动，干预和插手建设工程项目承发包、土地使用权出让、政府采购、房地产开发与经营、矿产资源开发利用、中介机构服务等活动；干预和插手国有企业重组改制、兼并、破产、产权交易、清产核资、资产评估、资产转让、重大项目投资以及其他重大经营活动等事项；干预和插手批办各类行政许可和资金借贷等事项；干预和插手经济纠纷；干预和插手集体资金、资产和资源的使用、分配、承包、租赁等事项。

违反有关规定干预和插手司法活动、执纪执法活动，向有关地方或者部门打听案情、打招呼、说情，或者以其他方式对司法活动、执纪执法活动施加影响。违反有关规定干预和插手公共财政资金分配、项目立项评审、功勋荣誉表彰奖励等活动，造成重大损失或者不良影响的。

按照有关规定对干预和插手行为负有报告和登记义务的受请托人，不按照规定报告或者登记。

泄露、扩散或者打探、窃取党组织关于干部选拔任用、纪律审查、巡视巡察等尚未公开事项或者其他应当保密的内容的。私自留存涉及党组织关于干部选拔任用、纪律审查、巡视巡察等方面资料。

在考试、录取工作中，有泄露试题、考场舞弊、涂改考卷、违规录取等违反有关规定行为的。

以不正当方式谋求本人或者其他人用公款出国（境）。

临时出国（境）团（组）或者人员中的党员，擅自延长在国（境）外期限，或者擅自变更路线的。

驻外机构或者临时出国（境）团（组）中的党员，触犯驻在国家、地区的法律、法令或者不尊重驻在国家、地区的宗教习俗。

在党的纪律检查、组织、宣传、统一战线工作以及机关工作等其他工作中，不履行或者不正确履行职责，造成损失或者不良影响的。

第八章

严明生活纪律，培养高尚道德情操

生活纪律是党的纪律体系的重要组成部分，不仅涉及党员个人品德、家庭美德、社会公德，关系到党的形象和执政基础，也关系到从源头上推进党风廉政建设和反腐败工作。全体党员都应把洁身自好作为第一关，做到明大德、守公德、严私德，党才能永葆清正廉洁的政治本色。

一 为什么必须严明生活纪律

生活纪律是党员在日常生活和社会交往中应当遵守的行为规则，其本质要求是践行社会主义核心价值观，明大德、守公德、严私德。生活纪律作为党员在“八小时以外”的日常生活中应当恪守的行为底线，明确了关于党员的行为规范，涉及社会公德、职业道德、家庭美德、个人品德等各个方面，直接关系党的形象和威信。

严明生活纪律是干部优良作风的重要基石。干部作风问题是关乎党和国家事业长远发展的重要议题。一支纪律严明、作风优良的干部队伍，不仅能确保工作高效有序开展，赢得群众信任，还可以有效预防和遏制腐败现象。“名节源于修养，境界升于内省”。严明生活纪律能够培养出严谨认真、勤勉尽责的良好作风习惯，养成一种踏实肯干、精益求精的工作态度，有助于锻炼干部的意志品质，树立良好的干部形象，推动整体党员队伍建设。

严明生活纪律是政府清正廉明的基本保障。生活是工作的基础，生活上做不到自觉自律，工作就难以做到清正廉明。生活上不检点、不自律，就会滋长私心，过不了多久就会失

延伸阅读

把生活作风问题作为检视整改的重要内容

党员领导干部的生活作风和生活情趣，不仅关系着本人的品行和形象，更关系到党在群众中的威信和形象，对社会风气的形成、对大众生活情趣的培养，具有上行下效的示范功能。2007年，时任浙江省委书记习近平在《之江新语》中指出："一名领导干部的蜕化变质往往就是从生活作风不检点、生活情趣不健康开始的，往往都是从吃喝玩乐这些看似小事的地方起步的。如果领导干部生活作风上不检点、不正派，在道德情操上打开了缺口，出现了滑坡，那就很难做到清正廉洁，很难对社会风气起到正面引导和促进作用。"2023年6月，习近平总书记在内蒙古考察时强调："人民群众看主题教育是否有成效，最直观的感受是看党风方面存在的问题是否得到解决、党员干部作风是否有明显进步。"在强调要抓实以学正风时，习近平总书记指出："要养成俭朴之风，把生活作风问题作为检视整改的重要内容，督促广大党员干部保持清醒头脑，筑牢贯彻落实中央八项规定及实施细则精神的堤坝。"

去理智，最终陷入失控的境地。古人云："欲无度者，其心无度；心无度者，则其所为不可知矣。"苍蝇不叮无缝的蛋，党员一旦在生活上不检点，很快就可能成为被"围猎"的对象。只有生活作风严于律己，才能真正做到勤政廉洁、秉公办事，以身作则、廉洁自律，从而赢得人民群众的信任和拥护。

严明生活纪律是社风民风向好的必然要求。风成于上，俗形于下。良好的社会风尚需要每个公民都能自觉遵守纪律，做到有秩序、有规矩。党员的一言一行，是党的形象的具体表现，对人民群众、社会风气会产生重要影响和带动作用。如果党员都能够严守生活纪律，保持崇高的道德境界，那么群众就会自发向我们党看齐，从而营造良好社会风气。反之，如果党员在日常生活和社会交往中带头搞奢靡享乐、铺张浪费，违反社会公德、家庭美德，必然败坏党的形象，带坏社风民风，最终失去群众的信任。严明生活纪律，有利于倡导文明有序的生活理念，有利于扭转奢靡浪费等不良生活习气，有利于树立以身作则、潜移默化的生活典范，有利于培养文明有礼的公民素养，有利于维护社会秩序和社会稳定。

“巴豆虽小坏肠胃，酒杯不深淹死人。”严守党的生活纪律，就是要求党员干部从生活日常的小事小节着手，时刻检点自己生活的方方面面，严以修身、正心明道、防微杜渐，才能在生活中体现出共产党人的先进性和纯洁性。

二 如何严明生活纪律

党章规定，发扬社会主义新风尚，带头实践社会主义核心价值观和社会主义荣辱观，提倡共产主义道德，弘扬中华民族传统美德，是党员必须履行的义务。党员领导干部必须勤政为民，以身作则，艰苦朴素，加强道德修养，讲党性、重品行、作表率，做到自重、自省、自警、自励，反对形式主义、官僚主义、享乐主义和奢靡之风。

严明党的生活纪律，必须坚定理想信念，加强党性锤炼。生活作风出问题的重要原因，是党员领导干部理想信念不坚定，丢失了做人的底线，导致信仰迷茫、精神迷失。党员领导干部因其特殊的社会地位，其生活作风具有强大的示范性

延伸阅读

筑牢“八小时以外”的纪律“篱笆”

新形势下，党员干部违纪违法行为，不少权力越界、行为失范问题发生在“八小时以外”。有的在社交圈称兄道弟，沾染江湖习气；有的生活奢靡、趣味低俗，出入高档会所，沉迷觥筹交错。小节不守，大事失守。这些“八小时以外”的歪风邪气，打着人情往来、节日问候、个人爱好的幌子，混淆了公私界限、干扰公权力的正确行使，不仅污染了政治生态，还损害了党和政府的形象，影响社会风气。对此，多地制定细化清单，明确党员干部“不能为”行为，建立“八小时以外”遵守纪律情况定期报告制度，强化对党员领导干部“社交圈”“生活圈”的监督。

和辐射力，看似小事小节的生活作风，处处有党性、有原则。只有坚定理想信念，加强党性修养，党员干部才能抵制各种诱惑和陷阱，才能真正做到立党为公、执政为民。

严明党的生活纪律，必须加强品德修为，涵养高尚情操。道德高尚是党员领导干部做到清正廉洁的基础。在当前复杂的社会环境下，各级领导干部要加强思想道德修养，注重培养健康的生活情趣，正确选择个人爱好，要慎独慎初慎微慎欲，培养和强化自我约束、自我控制的意识和能力，做到“心不动于微利之诱，目不眩于五色之惑”。要管好自己的“社交圈”“生活圈”，在私底下、无人时、细微处更要如履薄冰、如临深渊，始终不放纵、不越轨、不逾矩，增强拒腐防变的免疫力。

严明党的生活纪律，必须培养良好家风，构筑后方防线。党员领导干部家风不是个人小事、家庭私事，而是领导干部作风的重要表现，更关系到党风政风。领导干部特别是高级干部必须把家风建设摆在重要位置，在管好自己的同时，严格要求配偶、子女和身边工作人员，禁止利用职权或影响力为家属亲友谋求特殊照顾，禁止领导干部家属亲友插手领导干部职权范围内的工作、插手人事安排。修身齐家治国平天下，治家是治国的重要前提，只有抓住抓好家风这个关键环节，党员领导干部才能真正当好人民公仆。

三 第十一章“对违反生活纪律行为的处分”导读

违反生活纪律行为是指党员在婚姻家庭、人际交往、公共场所等社会生活中违反应当遵守的传统美德、社会公德、家庭美德等行为规范和规则，依照党内法规应当受到党纪追究的行为。《条例》第十一章“对违反生活纪律行为的处分”共5条，修改2条，列出生活作风奢靡腐化、男女性关系失范、不重视家风建设、违背社会公序良俗、违反社会公德和家庭美德等“负面清单”，不仅在个人生活底线中补充了铺张浪费的不良习惯，而且在公共生活底线中补充了网络空间的公序良俗。

条例原文

第一百五十条　生活奢靡、铺张浪费、贪图享乐、追求低级趣味，造成不良影响的，给予警告或者严重警告处分；情节严重的，给予撤销党内职务处分。

学习导读

本条明确了生活奢靡、铺张浪费、贪图享乐、追求低级趣味等生活腐化造成不良影响的行为的处分规定。本条有助于规范党员言行，促进党员锤炼道德品行，戒奢从简，进而发挥党员的引领带动作用，并以优良党风政风持续引领社风民风向上向善。

延伸阅读

奢靡之始，危亡之渐

“奢靡之始，危亡之渐”，是唐代政治家、书法家褚遂良向唐太宗的谏言。唐太宗第四个儿子李泰被封为魏王，生活奢侈，朝中不断有人谏言。唐太宗不以为然，认为：“舜造漆器，禹雕其俎，谏者十余不止，小物何必尔邪？”褚遂良却严肃地对唐太宗进谏说：“雕琢害力农，纂绣伤女工，奢靡之始，危亡之渐也。漆器不止，必金为之，金又不止，必玉为之，故谏者救其源，不使得开。及夫横流，则无复事矣。”意思是，奢侈糜烂的开始就是国家危亡的征兆。这句话警示党员及党员干部要坚守节约光荣、浪费可耻的思想观念，以最严格的标准、最严厉的举措治理作风问题。

以案说纪

中国人民银行某中心原党委书记、主任牟某某违规收受礼品、礼金，接受可能影响公正执行公务的宴请和旅游、娱乐活动安排，超标准使用办公用房，违规使用公车问题。正因为他奉行享乐主义，不愿奋斗和付出，对奢靡之风趋之若鹜。纸醉金迷、灯红酒绿成了他的生活追求。2013 年至 2021 年，他多次收受礼金和高档烟酒等礼品；多次接受私营企业主安排的宴请、打高尔夫球等娱乐活动；与家人多次接受私营企业主安排，赴云南、海南等地旅游；擅自打开、使用其办公室内原封锁的、使用面积超标的套间；公车改革后仍安排工作人员固定为其开车。在下属的“簇拥”和不法商人的“围猎”下，牟某某底线失守，吃点喝点成了习惯，称兄道弟成了常态，拿点用点成了自然，最后发展到为不法商人谋取私利，破坏了“亲”“清”政商关系。最终，他被开除党籍、开除公职，判处有期徒刑 13 年，并处罚金 140 万元。

相关法规

《中国共产党廉洁自律准则》

《党政领导干部选拔任用工作条例》第二十七条

条例原文

第一百五十二条　党员领导干部不重视家风建设，对配偶、子女及其配偶失管失教，造成不良影响或者严重后果的，给予警告或者严重警告处分；情节严重的，给予撤销党内职务处分。

学习导读

本条是对家风建设中违纪行为的处分规定，旨在把家庭家教家风建设作为砥砺品行的“磨刀石”、抵御贪腐的“防火墙”，不断筑牢拒腐防变的家庭防线，以此带动党风政风、影响社风民风。

延伸阅读

周恩来的“十条家规”

中华人民共和国成立后，百废待兴，不少故乡亲友给身为总理的周恩来写信，要求进京做事，在新政府里谋得一官半职。周恩来十分反感这种任人唯亲的腐朽作风，认为新社会不能搞旧社会的裙带关系。为此，他专门召集身边亲友开了一个家庭会议，并定下了著名的“十条家规”：一是晚辈不准丢下工作专程来看望他，只能在出差顺路时去看看；二是来者一律住国务院招待所；三是一律到食堂排队买饭菜，有工作的自己买饭菜票，没工作的由总理代付伙食费；四是看戏以家属身份买票入场，不得用招待券；五是不许请客送礼；六是不许动用公家的汽车；七是凡个人生活上能做的事，不要别人代办；八是生活要艰苦朴素；九是在任何场合都不要说出与总理的关系，不要炫耀自己；十是不谋私利，不搞特殊化。这“十条家规”，体现出周恩来对亲属们的严格要求，也是周恩来给我们今天的家风教育留下的宝贵一课。

以案说纪

文某某，湖南省株洲市某区人民政府原党组成员、副区长。文某某与其妻子胡某一同上演了贪腐“夫妻二人转”。2003年，涉黑涉恶团伙头目许某某在茶陵县投资，时任茶陵县公安局局长的文某某为其在县公安局办公楼里免费提供办公场所，并出面帮其协调银行贷款。为感谢文某某，当年胡某买房交首付款时，许某某送给胡某5万元现金。从此，文某某每每回家将自己收受的红包礼金甚至贿赂款交给胡某时，胡某为逃避组织审查，用自己母亲、姐姐等亲属的身份证去开银行卡，用来存放这些来路不正的钱。2014年至2019年，胡某大肆在美容店挥霍丈夫收受的贿款，经常一次性刷卡10多万元，最多的一次个人消费直接刷卡67万元。在文某某贪腐的道路上，由于妻子胡某的大肆挥霍，一步步地将他推向腐败的万丈深渊。2019年12月，文某某因涉嫌严重违纪违法接受株洲市纪委监委审查调查。2020年8月，文某某被开除党籍、开除公职，其涉嫌犯罪问题被移送检察机关审查起诉。

相关法规

《关于新形势下党内政治生活的若干准则》

《中国共产党廉洁自律准则》

《中国共产党党员教育管理工作条例》第十一条

条例原文

第一百五十三条　违背社会公序良俗，在公共场所、网络空间有不当言行，造成不良影响的，给予警告或者严重警告处分；情节较重的，给予撤销党内职务或者留党察看处分；情节严重的，给予开除党籍处分。

学习导读

本条是对党员在公共场合发生违背社会公序良俗并造成不良影响的不当行为的处分规定，增写了党员违背公序良俗、在网络空间有不当言行的情形，意在切实规范党员网络言行，加强对党员干部言行全面管理，要求党员时时刻刻严格要求自己，线上、线下都体现先进性、纯洁性。

以案说纪

2016年11月3日，湖南省江华瑶族自治县某委干部黄某某携家人去县城某超市购物，听见一个中年妇女大声呼救"有人抢劫"，黄某某顺着中年妇女所指的方向前去追赶，但没有追上。在返回的路上，黄某某听见有人议论说，县城近期有人抢小孩，抱上车就跑。回家后，黄某某在未知事件真实性的情况下，他编写了一条"县城街道上连续发生抢劫和抢小孩案件，抱上车就走"的信息，用自己的手机在微信群

延伸阅读

网络空间不是党纪“飞地”

网络空间不是法外之地。近年来有人在“朋友圈”妄议中央大政方针，有人利用微信红包拉票贿选，也有人在密友群里散布“内部消息”……上述种种看似是网络社交时代冒出的新现象，实则是明令禁止的老问题。事实上，1997 年中共中央印发的《中国共产党纪律处分条例（试行)》就明确指出：“公开发表文章、演说、宣言、声明等，反对四项基本原则的，要给予党纪处分。”反观以微信为代表的网络平台，说起来是私人空间，其实更多带有公共空间的属性，尤其是广经转发后，信息传播的广度与深度根本无法想象。从这个意义上说，党纪“上网”“进群”，正是加强管党治党的一种时代表达。网络空间终究建筑于各种真实的社会关系之上，这里存在的任何言行举止，都可以追溯到敲击键盘的那个人。因此网络空间只是现实社会的延伸，尤其是作为党员干部，从举起右拳、面向党旗宣誓的那一刻起，共产党员便成了我们的第一身份。这个精神烙印不因时间和地点转移，也就注定没有网上网下之别。

和“朋友圈”里发布，随后，该微信在“朋友圈”内频频转发，引起了当地群众特别是一些家长的极度恐慌，造成了极其恶劣的影响。得知情况后，江华瑶族自治县纪委和公安局十分重视，经核实，此信息不实，纯属谣言。对此，公安机关快速反应，网安部门立即展开调查取证，发现黄某某是该虚假信息的始作俑者。根据《中华人民共和国治安管理处罚法》相关规定，黄某某因散布谣言故意扰乱公共秩序被行政拘留5日，并受到党内警告处分。

相关法规

《中国共产党党员网络行为规定》

《关于规范党员干部网络行为的意见》

四 违反生活纪律的行为

生活纪律“负面清单”

生活奢靡、铺张浪费、贪图享乐、追求低级趣味，造成不良影响的。

与他人发生不正当性关系，造成不良影响的。利用职权、教养关系、从属关系或者其他相类似关系与他人发生性关系的，从重处分。

党员领导干部不重视家风建设，对配偶、子女及其配偶失管失教，造成不良影响或者严重后果的。

违背社会公序良俗，在公共场所、网络空间有不当言行，造成不良影响的。

有其他严重违反社会公德、家庭美德行为的。

后　记

为深入学习贯彻习近平总书记关于党的纪律建设和党纪学习教育的重要论述、重要讲话精神，我们根据新修订的《条例》，组织力量编写了《学纪　知纪　明纪　守纪》一书。

全书由姚宏志拟定框架和写作提纲，同时撰写了序言和后记。第一章至第八章分别由沈燕培、魏正山、孙亮、陶娴静、刘玉艳、李薇薇、周楠、康琪撰写。沈燕培校对了全部书稿。全书最后由姚宏志审核定稿。

本书的出版，得到了学习出版社的大力支持，在此表示感谢。

由于编者水平有限，纰漏不当之处难免，敬请各位读者批评指正。

编者

2024 年 9 月